サンタクロース物語
歴史と伝説

ジョゼフ・A・マカラー［著］
JOSEPH A. McCULLOUGH

ピーター・デニス［絵］
PETER DENNIS

伊藤はるみ［訳］
HARUMI ITO

原書房

目次

前書き
005

第1章
ミラの司教、ニコラス
008

第2章
聖ニコラスの奇跡
038

第3章
贈り物をくれる人
064

第4章
サンタクロース
084

参考資料
122

前書き

　毎年のクリスマス・イブ、サンタクロースは世界中のたくさんの人のところへプレゼントやお菓子を届けてくれる。平和と思いやりの心を世界中に広めるために一生懸命とびまわる。赤い上着に白いひげ、プレゼントでいっぱいの袋、そして魔法のそりとトナカイでおなじみのサンタクロースは、今では世界中だれでも知っている有名人だ。それなのにサンタクロースがどんな人なのか、ほとんどの人は知らない。ほんとうの名前はニコラスとかセント・ニコラスとかいう人で、昔どこかの町の教

会の司教だったということは知っているかもしれない。でも、その人がいったいどうしてサンタクロースになったのだろう。

　何百万人もの人に愛されるようになった今も、サンタクロースはあいかわらず恥ずかしがり屋で口数が少ない。クリスマス・イブ以外はほとんど北極(ほっきょく)でくらしているが、そこで彼に会うことができたのはほんの少しの、とても運のいい人だけだ。サンタクロースは有名になりたいとは少しも思っていない。有名になったおかげで、みんなにクリスマスの楽しい気分を伝える仕事がやりやすくなったからまあいいか、と思っているだけだ。あなたの人生についてくわしく教えてくださいと今まで何回も頼まれて、中にはずいぶんお金がもうかりそうな話もあったのに、サンタクロースが自分の人生について話したことは一度もない。

　だからこのすばらしい人についてくわしく知るためには、彼を知っていた人、彼と口をきいたことのある人の話だけでなく、遠くからちらっと見ただけの人の話まで

残らず集める必要がある。この本は、昔の人が書いたことから今の詩人が言っていることまで、サンタクロースについてのいろいろな話をひとつにまとめて、だれでも楽しく読むことのできるやさしい物語にしたものである。たくさんのお祈りや奇跡、それに怪物の話まで出てくるちょっとかわった不思議な物語だ。こんな話は信じられないと言う人もいるだろう。でもいろいろな考え方を理解することができる頭と、ものごとをありのままに受け入れることができる心(こっちのほうが大切だ)を持ちつづけている人ならきっと、これから紹介するサンタクロースの物語が、今まで読んだり聞いたりしてとても信じられないと思っていた話より、はるかに不思議で魅力的だと気づくはずだ。

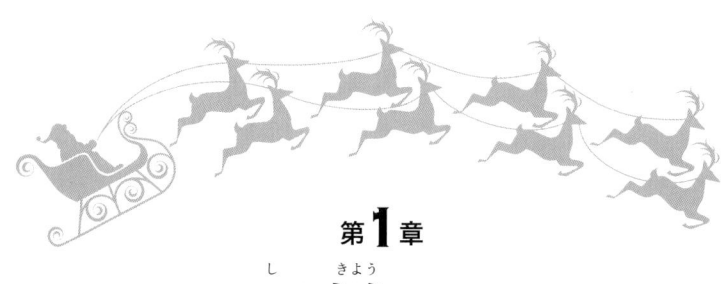

第1章
ミラの司教、ニコラス

　サンタクロースの物語は今から1700年近く前、今のトルコにあったパタラという町からはじまる。そのころパタラは、西のイギリスからずっと東のシリアまで広がる大帝国ローマの一部だった。ローマ帝国はとても広い国土を持つ大国だったが、そのころはさまざまな危険が近づいていて、政治も不安定だった。異民族や海賊が国境ぞいの町をおそい、首都ローマの将軍や政治家たちは次の皇帝の座をねらってお互いに足を引っぱりあっていた。市民のあいだでも、昔ながらのローマの神々を信仰する人と少しずつ増えてきたキリスト教徒との緊張が高まっていた。

ミラの司教、ニコラス

　幸いなことにパタラは地中海に面したそれほど重要でもない小さな町だったので、帝国のさまざまな問題とは縁がなく、キリスト教徒とそうでない市民との関係もうまくいっていた。だから西暦280年ごろのある日、この町の小さな教会で結婚した若いキリスト教徒のカップル、テオファネスとヨアンナは幸せだった。どちらも金持ちで身分の高い家がらで、やさしくて思いやりがあり、いつもお祈りを忘れなかった。
　結婚して1年もたたないうちにヨアンナは男の子を産み、ふたりはその子に「ニコラス」という名前をつけた。これは当時としては大変めずらしい名前で、「庶民の勝利者」という意味だった。両親は、息子がいつか、よくばりで自分勝手な政治家や貴族たちと戦う庶民の味方になってほしいと願っていたのだ。
　愛と祈りにあふれる両親の家で育ったニコラスは、やがてほかの子どもとは少し違うことがわかってきた。ニコラスは物にはほとんど興味を見せなかった。おもちゃやぜいたくな食べ物をほしがることもなく、みんなが好

きなダンスや劇などにでかけるのも嫌がった。静かに考えたり、キリスト教の昔の聖人の物語を聞いたりしているときがいちばん楽しそうだった。もっと不思議なことに、ことばを話せるようになったニコラスは、何かがほんとうに起こる前に「それが起こる」と言うことがよくあった。天気を当てたり、客が来ると言ったり、町のだれかが死ぬとかどこかで子供が生まれるとか予言したりした。

　大きくなるとこの予知能力はますます強くなったが、ニコラスがそれを自分のために使うことは一度もなかった。実際、彼はできるだけ金もうけには手を出さず、政治には一切かかわらないようにしていた。いつも両親のくらし方を見習い、キリスト教徒としての思いやりを示し、自分のお金と時間を人のために惜しみなく使っていた。

　ところがニコラスが14歳のときに悲劇が起こった。彼が住んでいる地方に悪い伝染病が広がり、たくさんの町や村の人々の命をうばったのだ。平和だったパタラの

町もこの伝染病からのがれることはできなかった。何百人もの人が死に、テオファネスとヨアンナもこの病気の犠牲になった。まだ若いニコラスは、お金はあるものの、ひとりぼっちになってしまった。

最初の贈り物

　両親が天国に旅立ったあと、ニコラスは残された財産をすべて人にゆずって旅に出ることにした。どこか別の土地で、おだやかで清らかなくらしをしたいと思ったのだ。ところが旅の準備(じゅんび)をするうちに、3人の娘のいる近所の善良な男がたいそうお金に困っているといううわさが耳に入ってきた。ろくに食べ物も買えないほどだという。なんとかしてやらなければ、困りはてたその人は家族全部がうえ死にするよりはましだと思って、娘たちを奴隷(どれい)として売ってしまうだろう、とニコラスは考えた。

　その夜、パタラの家々の屋根の上で星が輝くころ、ニコラスは両親が残した金貨の一部を革の袋に入れた。そして顔やからだつきを隠すためにマントをすっぽりかぶ

サンタクロース物語

ると、人通りのない静かな通りへ出ていった。まもなくうわさの男の家の前に着いた。家は暗く、静まりかえっている。家の中ではみんな眠っているようだ。もういちどあたりを見まわしてだれもいないことを確かめると、ニコラスはあいていた窓から金貨の入った袋を投げこんだ。袋はチャリンと小さな音をたててくつの中に落ちた。ニコラスはマントのフードを引っぱって顔をしっかり隠し、暗闇の中へと歩きさった。

翌朝、貧乏な男はくつの中の金貨を見つけ、びっくりして、この奇跡を神に感謝した。金貨は3人姉妹の長女が結婚の持参金にするのにちょうど十分なだけあり、長女は2、3週間後にいい相手と結婚して二度と食べ物の心配をしなくてもよくなった。

両親の残した金貨が人の役に立ったのを見て、ニコラスはまた夜の訪問をすることにした。今度も金貨を革の袋に入れ、みんなが寝静まった真夜

ミラの司教、ニコラス

中にこっそり家を出た。このとき窓から投げこんだ袋は、暖炉のそばにぶらさげて干してあったくつ下の中に入った。

　またしても金貨の入った袋を見つけた父親は、神に感謝の祈りをささげた。彼はこの金貨のおかげで次女をきちんとした一家のむすこと結婚させることができ、将来の心配がまたひとつなくなった。

　パタラからの旅立ちは予定よりかなり遅れていたが、ニコラスはもう一度真夜中の訪問をする必要があると思っていた。2、3週間後、彼はまたマントに身をかくし、それまでに届けた金貨の2倍ほどあった残りの金貨を全部袋に入れて、こっそり貧乏な男の家にむかった。だが今度ばかりは家の中の男は起きていて、ニコラスが金貨の袋を投げこむのをじっと見ていた。

　金貨の袋が床に落ちるのを見た男は外にとびだし、だれが投げたのかたしかめようとした。彼が通りに出ると、

マントを着た人かげがぱっと後ろを向いて走っていった。男はニコラスを追いかけ、やっとのことで追いついた。

　ニコラスがふりむいて男のほうを見たとき、マントのフードがぬげた。貧乏な男は金貨を投げこんだのが近所に住む若者だと知り、ニコラスの足もとにひざをついてうれし涙を流しながら、思いやりのある贈り物のお礼を言った。

　ニコラスはひざをついてしゃがみ、やさしく男を立ちあがらせた。そしてニコラスが生きている限り、金貨のことや金貨がどこから来たかということをだれにもしゃべらないと約束させた。この物語がこうして伝えられているのは、たまたまここに出てきた貧乏な男が運よくニコラスより長生きしたからだ。

少年司教

　金貨をすべて人にあげてしまってからニコラスがどこへ行ったのか、確かなことはだれにもわからない。聖地パレスティナへ行ってキリストの墓やキリストが十字架

ミラの司教、ニコラス

にかけられた場所をたずねたという話もあるが、生まれ故郷のあたりを旅してまわり、人が喜ぶことをしたり、困っている人を助けたりしていたという話も伝えられている。どちらにしても最後には故郷のパタラから南にむかい、トルコの地中海沿岸の町ミラにたどりついたのだった。

　ニコラスは何も知らなかったが、彼がミラに着いたのは年をとったミラの司教が死んでしまったばかりのころだった。ミラの町のキリスト教徒たちは次の司教になる人を何日もさがしていたのだが、そのころの司教というのは危険で大変な仕事だったので、引きうける人がだれもいなかった。困った信者たちはいくつかの近くの町の司教にも助けをもとめたが、その人たちも新しいミラの司教をみつけることはできないでいた。

　そしてある夜のこと、近くの町から来ていた司教の中でもいちばん年上の人がお祈りをしていると、神の声が聞こえた。

「夜のうちに教会へ行って、入り口に立っていなさい。

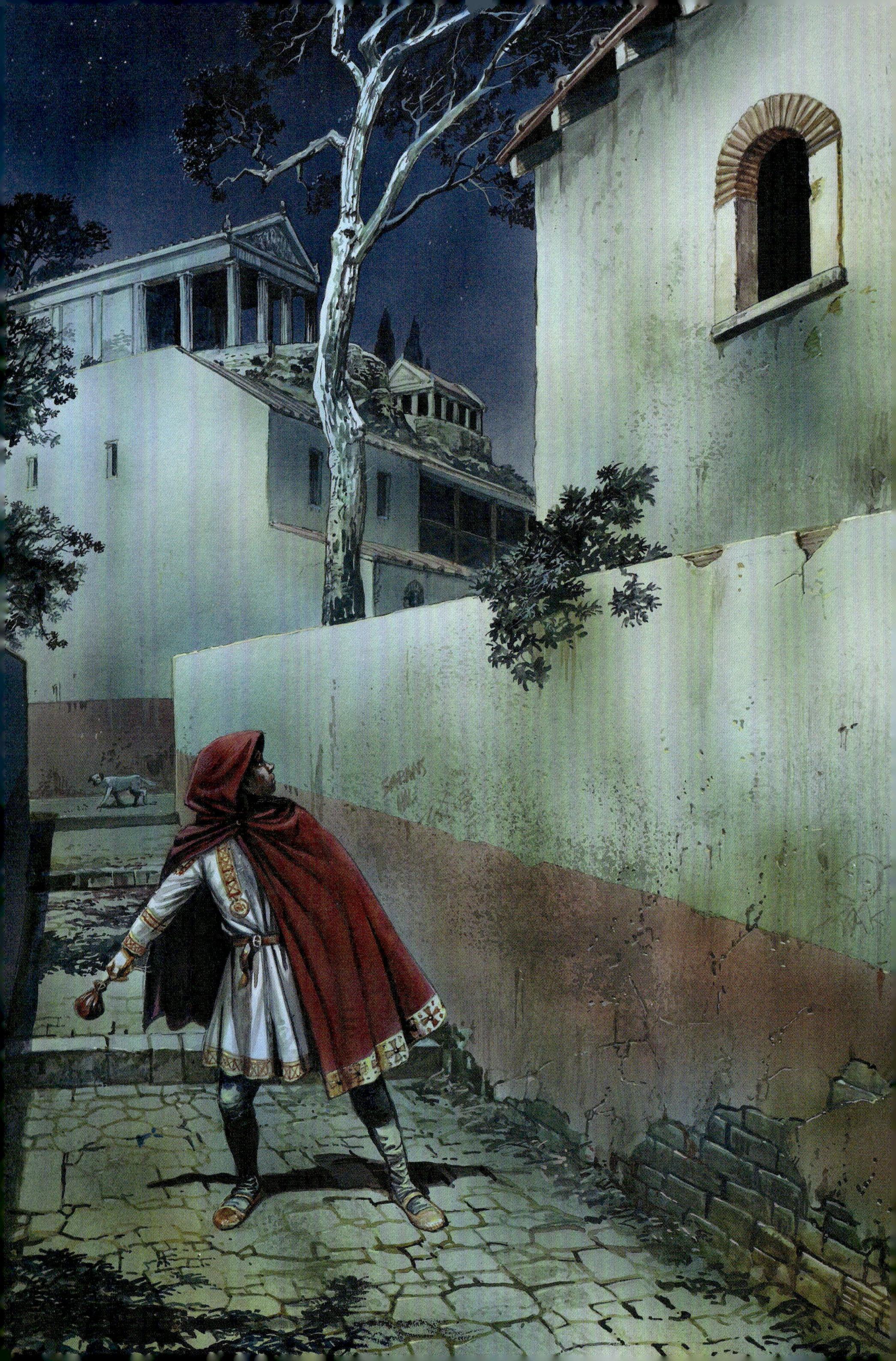

ミラの司教、ニコラス

　そっと教会へ入ろうとする者がやってくるまで待つのだ。やってきたらその者をつかまえなさい。それが新しい司教だ。その者の名前はニコラスという」
　年上の司教はいそいでほかの司教たちのところへ行って、今聞いたばかりの話を伝えた。司教たちは内心では疑っていたものの、ほかにいい考えもなかったのでみんなで教会の戸口に立ち、じっと待った。
　つぎの朝、ちょうど太陽が昇ろうとするとき、ニコラスが教会に近づいてきた。教会に入るのを見られないようマントのフードでしっかり顔をかくしている。彼を見た司教のひとりがとびだして、腕をつかみ、たずねた。
「わが子よ、そなたの名は？」
「ニコラスと申します。わたしはあなた様のしもべです」
　ニコラスは精一杯ていねいに答えた。すると司教が言った。
「どうか、いっしょに来ておくれ」
　司教はニコラスを連れて教会へ入った。教会にはミラに住むキリスト教徒の多くが朝のお祈りのために集まっていた。司教はニコラスを連れてみんなの前に立ち、こ

う告げた。

「ミラの人々よ、あなた方の祈りはかなえられました。こちらはニコラス。自分から教会のしもべと名のりました。彼があなたがたの新しい司教です」

大飢饉(だいきん)

　普通とは違う方法で思いがけず司教に任命されたニコラスだったが、彼がその仕事にふさわしいことはすぐに証明された。ミラ市民のために毎朝ミサを行ってキリストの生涯と奇跡について教え、慈悲(じひ)と思いやりの心をもって行動する生き方を示した。まもなく彼は町中の人々から、貧しい者、しいたげられた者の味方として認められるようになった。余裕のある人たちから食べ物やお金を集め、困っている人たちに配ることもした。また、正義の人としても知られるようになった。金持ちで権力のある人々はしょっちゅう庶民をごま

ミラの司教、ニコラス

かそうとしていたが、ニコラスは権力者にもえんりょしないで庶民の味方として議論するのだった。

ニコラスが司教になった数年後、国中が飢饉におそわれた。農作物がとれず、人々は食べ物がなくて苦しんだ。ニコラスはうえた人々が食べ物を分けあえるよう全力をつくし、少しでも食べ物が見つかればそれをいちばん必要としているところへ届けた。数週間、数か月と過ぎるうちに食糧不足はどんどんひどくなっていったが、それでもニコラスの信仰心は少しも弱まることはなかった。ある日のこと、ニコラスが困っている人たちを助け、はげますために出かけていたとき、今のエジプトにあるアレクサンドリアの港からトルコのコンスタンティノポリスまで穀物を運ぶ船の一団がミラの港にやって来たといううわさを聞いた。

ニコラスはすぐさま港へ急ぎ、穀物船の船長たちを見つけた。そしてその場で、船が運んでいる穀物の一部を買いたいとたのんだのだが、船長たちにことわられた。アレクサンドリアで船に積みこむとき穀物の目方は正確

ニカイア公会議

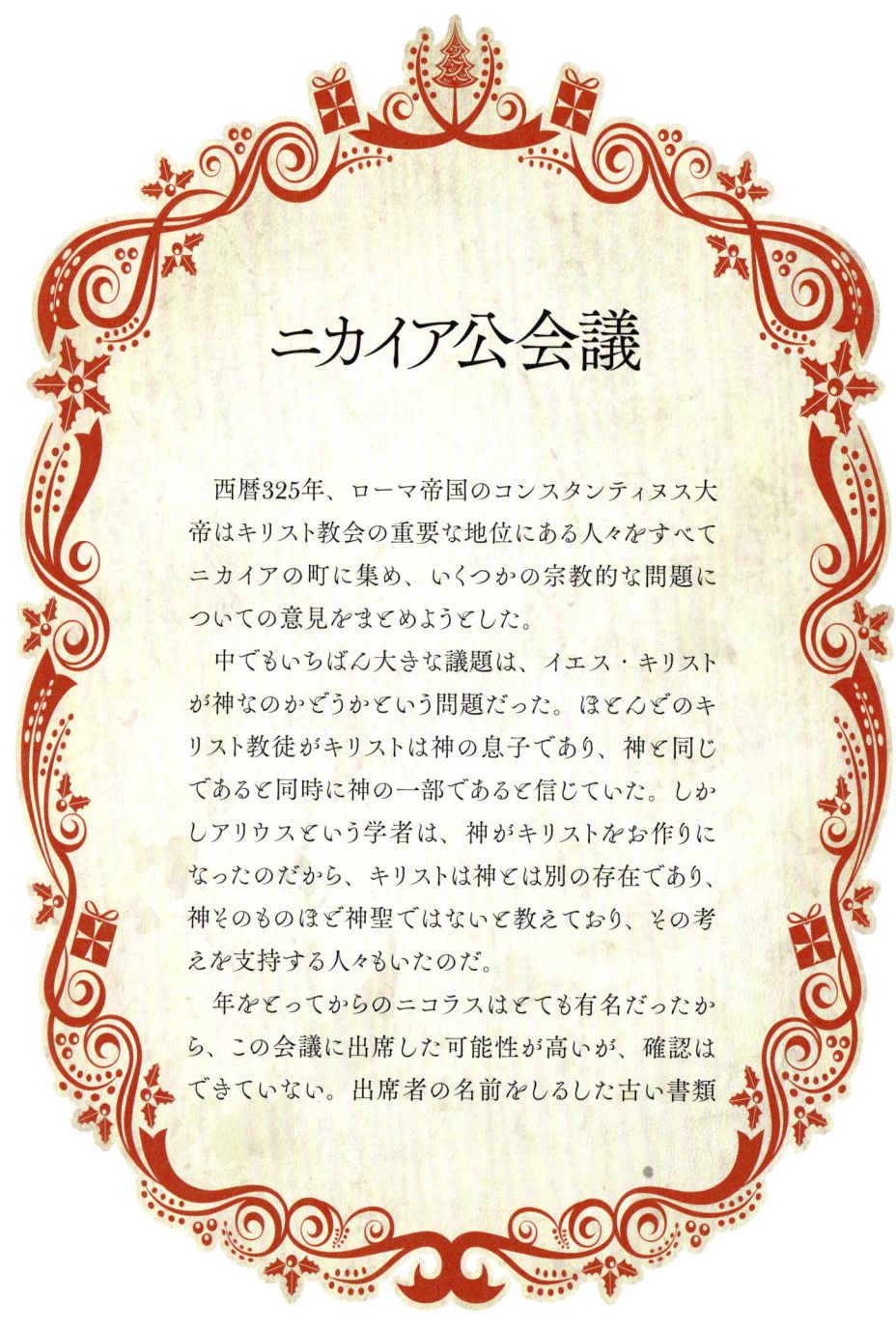

　西暦325年、ローマ帝国のコンスタンティヌス大帝はキリスト教会の重要な地位にある人々をすべてニカイアの町に集め、いくつかの宗教的な問題についての意見をまとめようとした。

　中でもいちばん大きな議題は、イエス・キリストが神なのかどうかという問題だった。ほとんどのキリスト教徒がキリストは神の息子であり、神と同じであると同時に神の一部であると信じていた。しかしアリウスという学者は、神がキリストをお作りになったのだから、キリストは神とは別の存在であり、神そのものほど神聖ではないと教えており、その考えを支持する人々もいたのだ。

　年をとってからのニコラスはとても有名だったから、この会議に出席した可能性が高いが、確認はできていない。出席者の名前をしるした古い書類

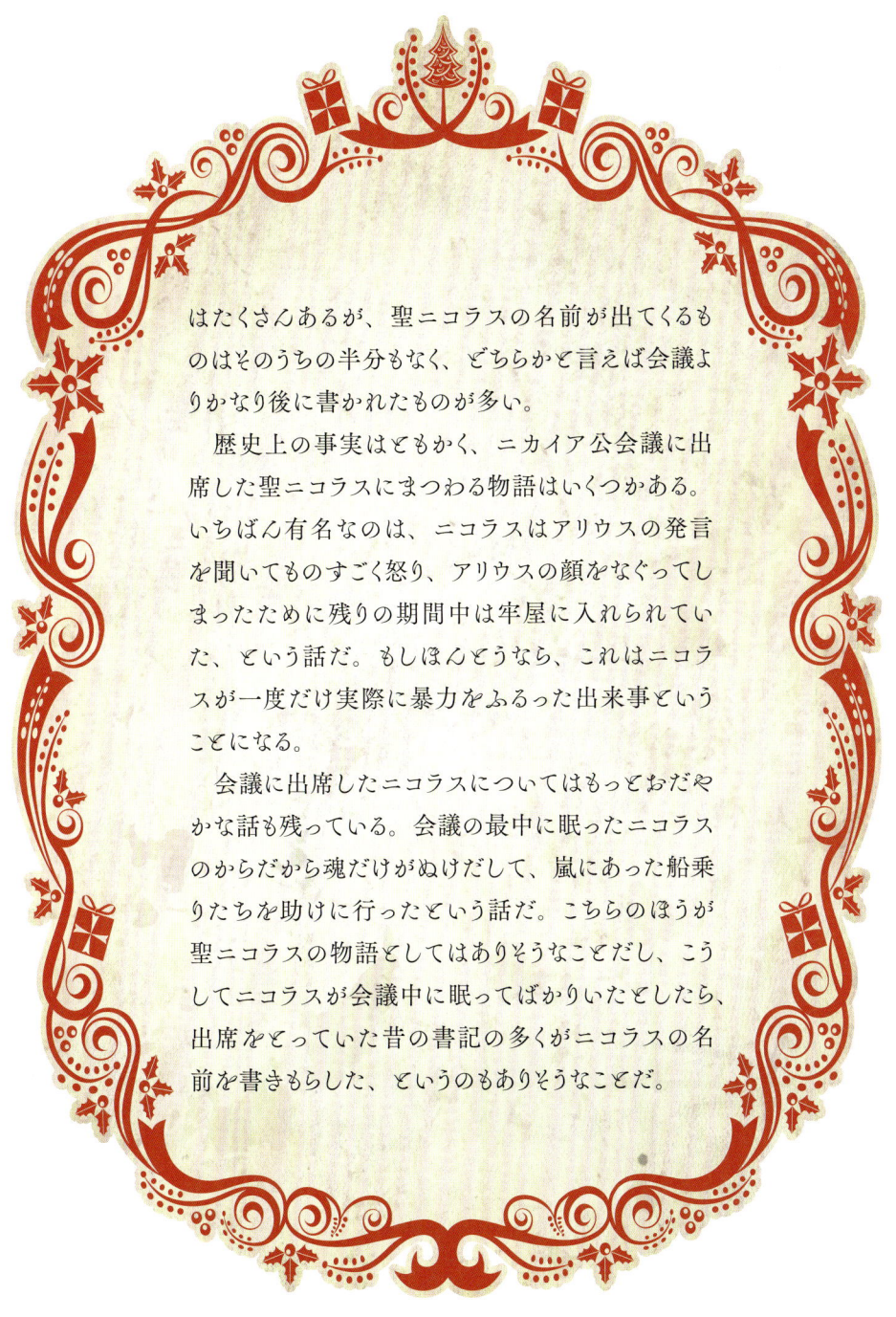

はたくさんあるが、聖ニコラスの名前が出てくるものはそのうちの半分もなく、どちらかと言えば会議よりかなり後に書かれたものが多い。

　歴史上の事実はともかく、ニカイア公会議に出席した聖ニコラスにまつわる物語はいくつかある。いちばん有名なのは、ニコラスはアリウスの発言を聞いてものすごく怒り、アリウスの顔をなぐってしまったために残りの期間中は牢屋に入れられていた、という話だ。もしほんとうなら、これはニコラスが一度だけ実際に暴力をふるった出来事ということになる。

　会議に出席したニコラスについてはもっとおだやかな話も残っている。会議の最中に眠ったニコラスのからだから魂だけがぬけだして、嵐にあった船乗りたちを助けに行ったという話だ。こちらのほうが聖ニコラスの物語としてはありそうなことだし、こうしてニコラスが会議中に眠ってばかりいたとしたら、出席をとっていた昔の書記の多くがニコラスの名前を書きもらした、というのもありそうなことだ。

にはかってあるから、コンスタンティノポリスに着いたときに少しでもへっていたら大変な目にあうというのだ。
「あなた方は兄弟や姉妹をみすみすうえ死にさせるのですか」
　ニコラスはたずねた。
「あなた方の息子や娘たちを？　どうかよく考えてみてください。どうすることが正しいか、おわかりになるはずです」
　話しあったすえ、船長たちはミラの人々がうえ死にしないですむだけの穀物をミラに置いていくことにした。そしてそれが公平に分配され、いちばん必要な人にきちんと届けられるよう、あとはニコラスにまかせると言った。穀物の目方がへったことで罰を受けることを覚悟した船長たちは、こうしてミラの港を出ていったのである。
　穀物船がコンスタンティノポリスに着いたとき、奇跡が起きた。それぞれの船の積み荷の目方をはかったところ、どの船の穀物もアレクサンドリアを出たときとまったく同じ重さだったのだ。

アルテミス神殿

　大飢饉が終わったあと、ミラの町では平穏な日々が続いた。ニコラスは説教やお祈りなど司教としての仕事にはげみながら、庶民の日常生活での困りごとにも手をかしていた。何年もたつうちに、ミラのローマ人の中には昔からのローマの神々への信仰を捨てて、ニコラスにしたがってキリスト教を信仰する人がふえてきていた。

　そしてある日、昔は町の中心としてさかえたアルテミス大神殿がものすごい音をたててくずれ落ち、こわれた石材を雨あられと降らせる事件が起こった。かみなりのような音が町中にひびきわたり、石材がくずれたほこりの雲は空高く舞いあがって、風がゆっくりと吹き散らすまでしばらく空中にとどまっていた。

　多くの人は、ニコラスがこの町の守護女神アルテミスと戦って追い出したのだと言った。今ではこの町でアルテミスを信仰する信者は少なくなり、神殿も十分に手入れされなくなっていたからくずれたのだという人もあった。ニコラス自身はこの事件について何も言わず、自分

の教会の仕事に取りくんでいた。

　こうして何年も過ぎ、ニコラスも年をとった。顔にはしわができ、髪の毛と長いあごひげは雪のように真っ白になった。

町の役人

　年をとってきたもののニコラスはまだ若者のように元気いっぱいで、町の人のために働いていた。ある嵐の日、ミラの港に軍の艦隊(かんたい)が入ってきた。3人の将軍ネポティアヌス、ウルスス、アピリオンがひきいる軍艦にはローマ軍の兵士が乗っていた。軍隊はローマ帝国内の遠い場所で起こった反乱をしずめに行く途中だったが、嵐にあってしかたなくミラの港に寄ることになったのだ。

　艦隊がやってきたと聞いたニコラスは、3人の将軍を食事に招待した。ローマ軍がミラに寄るのは初めてのことではなく、兵士が町でもめごとを起こさないよう将軍たちに念をおしておきたかったのだ。前に来たときには、盗みやけんかやもっとひどい事件が起きたこともあった。

ミラの司教、ニコラス

　ニコラスと将軍たちがテーブルについたちょうどそのとき、必死に走って息もたえだえになった使者が到着した。使者は町の役人エウスタティウスが裁判もしないで3人の市民に死刑を宣告し、死刑場に送ってしまったと伝えた。ニコラスは食事をあとまわしにしてマントをひっつかみ、将軍たちにいっしょに来てほしいと言うと、ドアをあけてとびだした。そしてみんなそろって死刑場まで急いだ。死刑場に着いてみると、手足をしばられ頭に袋をかぶせられた3人が地面にひざをついていた。死刑執行人がその後ろに立って、頭の上高く剣をふりあげていた。

　ニコラスは集まった人ごみを押しのけて、おどろいた死刑執行人の手から剣をもぎとった。それで3人をしばっていた縄を切ると、その剣を投げすてた。

　それでもまだ怒りがおさまらないニコラスはエウスタティウスの家にむかった。あとには3人の将軍が続いている。ニコラスは役人の家に着くと、ドアをバンバンと激しくたたき、バラバラにこわしてしまった。そうやっ

てあけた入口から中に入ると、部屋のすみにちぢこまっているエウスタティウスがみつかった。エウスタティウスはもごもごと口ごもりながらあいさつしようとしたが、ニコラスはそれをさえぎった。

「よくもわたしの前に立っていられるものだな！」

ふるえあがる役人に、ニコラスはライオンのような大声でさけんだ。

「お前は神の敵だ。自分の欲のために法律をねじまげ、罪もない人を死刑にしようとするとは」

エウスタティウスはニコラスの前にひざまずき、自分のたくらみを白状した。彼はある人からお金をもらってたのまれ、3人を死刑にしようとしたのだった。そして、今は心から後悔しています、どうかお許しください、と必死でたのんだ。

ニコラスは役人の上にのしかかるように立ってじっと見つめ、男の中にある善と悪とを見きわめようとした。すると、この男は自分のしたことを心から後悔しており、ほんとうの悪人ではなくまだ見こみがある、ということ

がわかった。怒りは消えていった。ニコラスはエウスタティウスを許し、この男に神の祝福があるよう祈りをとなえた。

目の前で見たこの出来事にすっかりおどろいた将軍たちは、その晩船にもどった。翌朝には嵐もおさまり、艦隊は港を出ていった。

3人の将軍

その後ネポティアヌス、ウルスス、アピリオンの3人は反乱がおきた土地へ行き、しんぼう強く話し合いを続けて、一滴の血も流さずに反乱をおさめた。コンスタンティノポリスにもどった3人の将軍は英雄として歓迎され、コンスタンティヌス帝自身が彼らのために歓迎会を開いてくれた。

ところが宮廷の中には3人が人気者になったのが気に入らない人たちもいて、悪だくみを始めた。宮廷の役人にお金をわたし、3人は反乱軍の仲間になってコンスタンティヌス帝を追い出そうとしている、と告げ口させた

聖ニコラスは
ほかにもいた

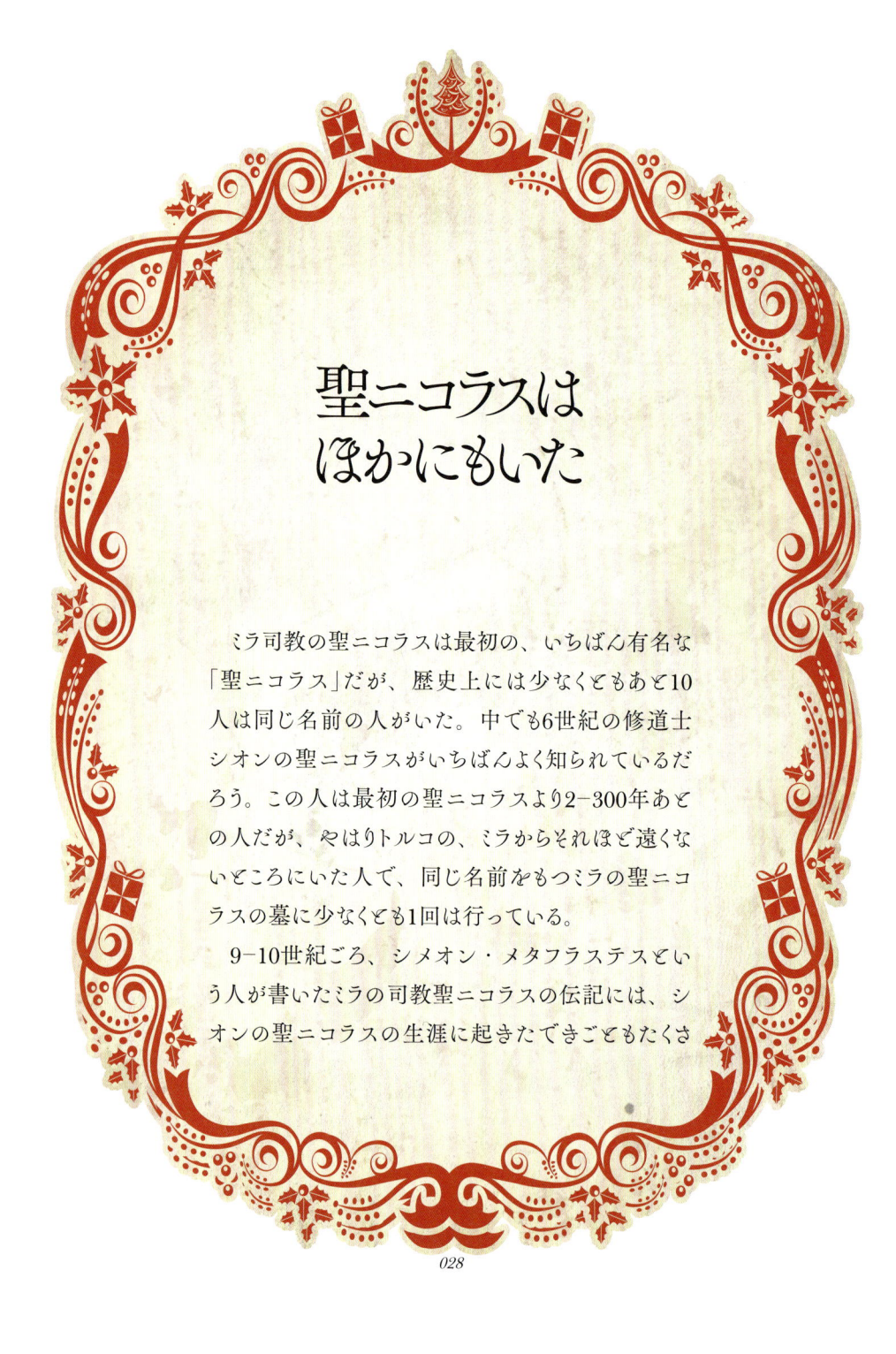

　ミラ司教の聖ニコラスは最初の、いちばん有名な「聖ニコラス」だが、歴史上には少なくともあと10人は同じ名前の人がいた。中でも6世紀の修道士シオンの聖ニコラスがいちばんよく知られているだろう。この人は最初の聖ニコラスより2-300年あとの人だが、やはりトルコの、ミラからそれほど遠くないところにいた人で、同じ名前をもつミラの聖ニコラスの墓に少なくとも1回は行っている。
　9-10世紀ごろ、シメオン・メタフラステスという人が書いたミラの司教聖ニコラスの伝記には、シオンの聖ニコラスの生涯に起きたできごともたくさ

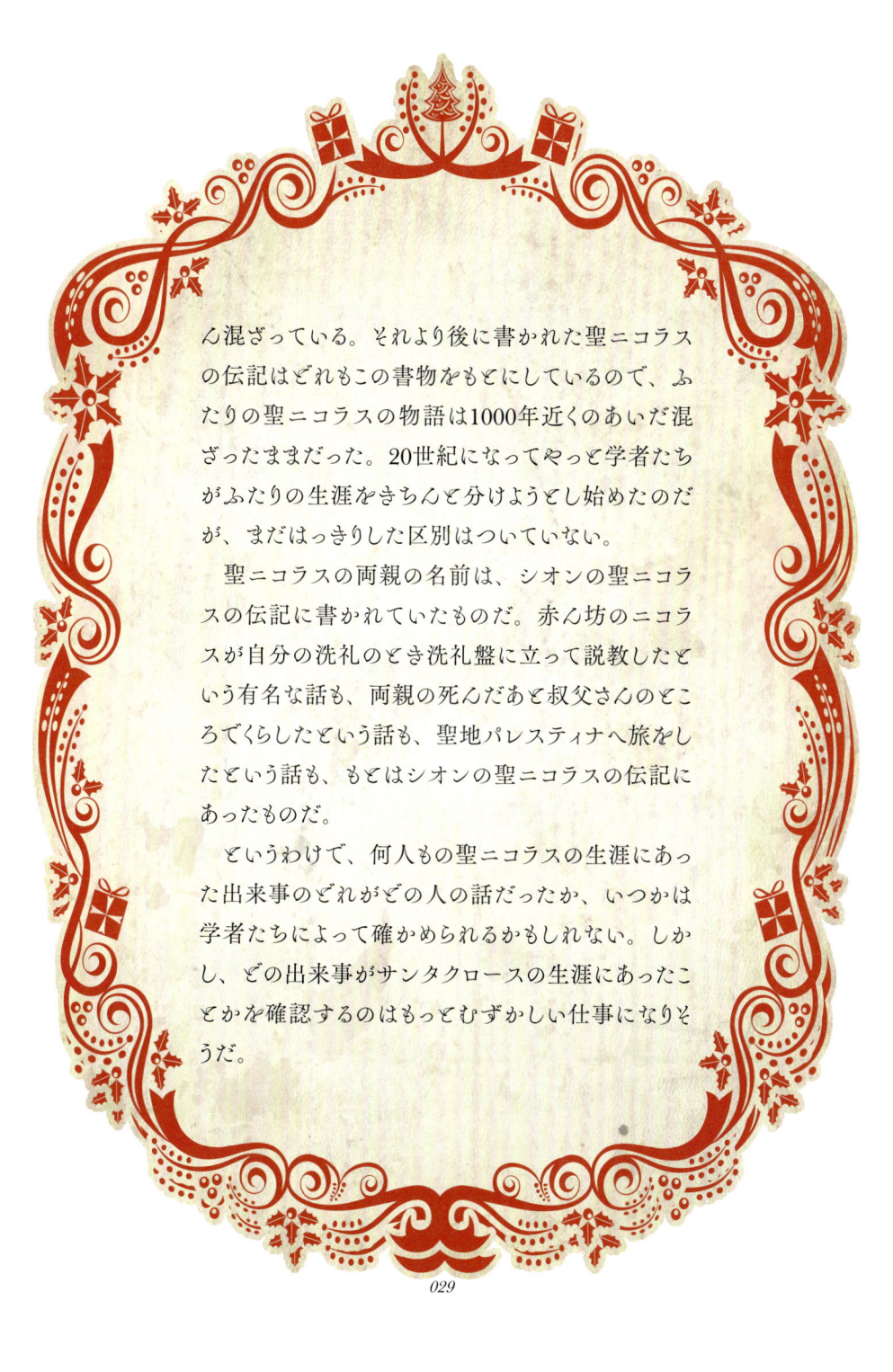

ん混ざっている。それより後に書かれた聖ニコラスの伝記はどれもこの書物をもとにしているので、ふたりの聖ニコラスの物語は1000年近くのあいだ混ざったままだった。20世紀になってやっと学者たちがふたりの生涯をきちんと分けようとし始めたのだが、まだはっきりした区別はついていない。

　聖ニコラスの両親の名前は、シオンの聖ニコラスの伝記に書かれていたものだ。赤ん坊のニコラスが自分の洗礼のとき洗礼盤に立って説教したという有名な話も、両親の死んだあと叔父さんのところでくらしたという話も、聖地パレスティナへ旅をしたという話も、もとはシオンの聖ニコラスの伝記にあったものだ。

　というわけで、何人もの聖ニコラスの生涯にあった出来事のどれがどの人の話だったか、いつかは学者たちによって確かめられるかもしれない。しかし、どの出来事がサンタクロースの生涯にあったことかを確認するのはもっとむずかしい仕事になりそうだ。

のだ。

　それを聞いたコンスタンティヌス帝は顔色をかえた。怒りのあまり真実が見えなくなっていた。そして、3人をつかまえて地下牢にほうりこめ、と兵隊に命令した。翌朝には死刑にするつもりだった。

　兵隊たちはすぐにネポティアヌス、ウルスス、アピリオンの3人をベッドから引きずり出し、暗い牢にとじこめた。牢の番人は鍵をかけながら、明日の朝には死刑になることを3人に伝えた。

　わけもわからず、ただもう恐ろしくて、3人は着ているものを引きちぎりながら大声で無実をうったえたが、だれも聞いてはくれなかった。最初のショックが少しおさまると、ネポティアヌスはミラの司教ニコラスが、罪もないのに死刑にされそうになった3人の男を助けたときのことを思い出した。そこでウルススとアピリオンのほうを向いてふたりの手をつかみ、いっしょにニコラスに助けをもとめようと言った。

　その夜、コンスタンティヌス帝は夢を見た。髪の白い

ミラの司教、ニコラス

　老人が近づいてきて司教の杖を皇帝に向け、こう話しかけてきた。

「あなたはどうして3人の罪もない男たちをつかまえ、証拠も裁判もなしに死刑を宣告したのですか。今すぐ起きて、3人を自由の身にしなさい。そうしなければあなたの国に戦争を起こします。あなたと兵士たちの死体は犬とタカに食いちぎられることでしょう。わたしは王の中の王、キリストと話した者です」

　夢の中でふるえあがった皇帝は「このようにしてわたしのところへ来て、わたしに話しかけているあなたは、どなたなのですか」とたずねた。

「わたしはミラの司教、ニコラス」

　このことばとともにコンスタンティヌス帝は目をさました。窓から朝日がさしこんでいる。急いで着がえていると、3人の将軍をうったえた宮廷の役人が寝室にとびこんできた。役人も夢の中でニコラスと話し、将軍たちを自由の身にしてほしいとたのみに来たのだった。

　コンスタンティヌス帝は大急ぎで兵士を使いに出して

死刑を中止させ、将軍たちを宮廷に連れてこさせた。そしてやってきた3人を長いあいだきびしい目でにらみつけ「お前たちは魔法使いなのか」とたずねた。

　ネポティアヌス、ウルスス、アピリオンの3人は何の話かわからなくて、皇帝の顔を見かえすばかりだった。
「皇帝様、わたしたちは魔法を使うことはできません。わたしたちはいつも、あなたとこの国のために忠実に働いてきました」とネポティアヌスが言った。

　皇帝は「お前たちはミラの町の司教のニコラスという者を知っているか」とたずねた。

　その名前を聞くと、3人は両手を天にむかって高くあげ、神に感謝のことばをとなえ始めた。そしてミラの町に行って司教のニコラスに会ったこと、ニコラスがおこなった偉大なことについて見たり聞いたりしたすべてを皇帝に話した。

　皇帝は夢で見たことがほんとうだったと知って、将軍たちを自由の身にした。そしてさらに、新しい任務を3人に命じた。それは、ニコラスに感謝するために金貨と

銀貨をミラにとどけるという任務だった。

　将軍たちは皇帝の命令にしたがい、もう一度ミラへ行って自分たちに起こったことをニコラスに話した。年よりの司教はにっこりして神に感謝のことばをささげ、この出来事についてはそれ以上何も言わなかった。受けとった金貨と銀貨は、お金がない人たちに全部あげてしまった。

嵐の中の船

　ある日、地中海で嵐が起こり、海にいた船は1せき残らず避難しなければならなくなった。ところが運の悪い船が1せきだけ、ものすごい風と大波の中にとり残されてしまった。船乗りたちははげしくゆれる甲板の上をころげまわり、マストに張った帆は今にも破れそうだった。ずぶぬれになった船乗りたちはおそろしさのあまり、命ばかりはお助けくださいと大声をあげて神に祈った。そのときとつぜん、そまつな服を着て白いひげをはやした男の人があらわれた。

サンタクロース物語

　その人は、しっかり立ちあがって自分の船を見なさいと船乗りたちに命令した。そして帆を張りなおすのを手伝い、船がひっくりかえったり、波にのみこまれたりしないように船乗りたちをはげまし、働かせた。やがて嵐はおさまり、船乗りたちはくたくたに疲れて甲板(かんぱん)に倒れこんでしまった。だれだかわからないが、その男の人が命を救ってくれたのだ。でもあたりを見まわすと、その人は船から消えてしまっていた。
　そのあと船は無事に港に着き、船乗りたちはミラの町の教会へ行って神に助けてもらったお礼を言うことにした。教会でニコラス司教に会った船乗りたちは、それが船にあらわれた人だとわかった。彼らはニコラスの前にひざまずき、年よりの司教にお礼を言った。ニコラスはにっこりして、お礼は神に言ってください、あなた方を助けたのは神の力なのですから、と言った。
　教会を出た船乗りたちは、聞いてくれる人ならだれにでも嵐の日の出来事を話して聞かせた。それを聞いたミラの人々は、ニコラスについて知っているありったけの

ミラの司教、ニコラス

話を船乗りたちに聞かせてくれた。というわけでミラの港を出るときには、船乗りたちはニコラスについてのいろいろな物語をすっかり覚えていた。そして地中海を旅しながらいろいろな土地でそれを話したので、ニコラスのことはローマ帝国のすみずみまで知られるようになった。

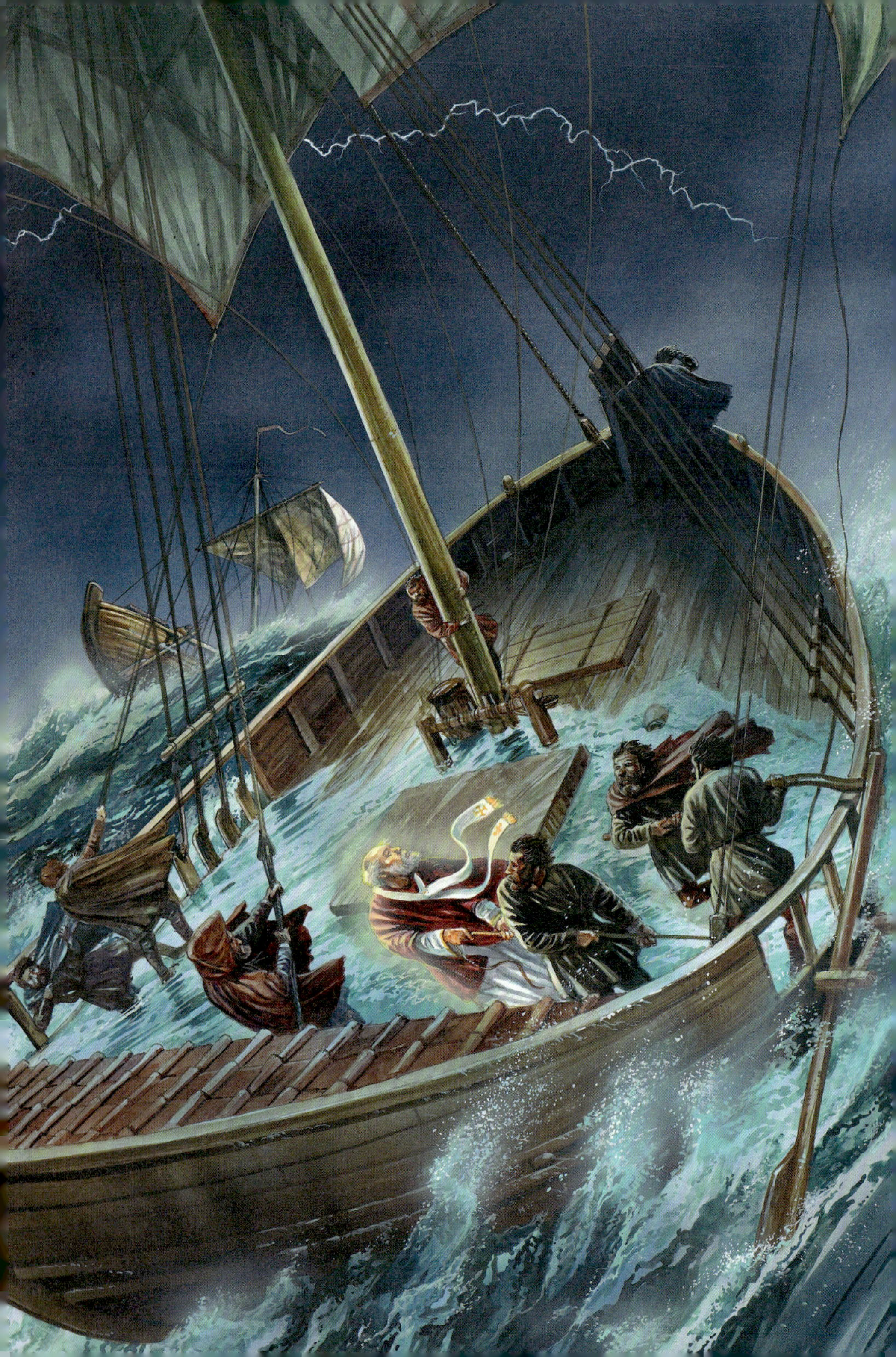

ミラの司教、ニコラス

ニコラスの死

　ニコラスはますます有名になったが、あいかわらず来る日も来る日もミラの人々のために働いていた。白いひげはのび、年のせいで腰がまがってきた。そんなある日、ニコラスは彼を呼ぶ神の声を聞いて、ここでの人生が終わりに近づいたことを知った。そこで疲れたからだをベッドに横たえ、あなたのいるところまで案内してくれる天使をここへよこしてください、と神に祈った。そして空からおりてきた天使たちを見ると、目をとじて言った。

「神よ、わたしの魂をあなたの御手(みて)にあずけます」

　ニコラスが最後の息をはくと、その魂はこの世のからだから去っていった。

第2章
聖ニコラスの奇跡

　ニコラスの評判は彼が死んだあとも広まっていった。人々はニコラスの信仰や思いやりや優しさや奇跡について、くりかえし話した。だれもがニコラスはとても立派なキリスト教徒だと思っていたので、いつのまにか彼を聖ニコラスと呼ぶようになった。願いごとがあるときには、わたしの願いを神様に伝えてください、とニコラスにむかって祈るようになった。嵐の中で船乗りを助けた話を聞いた船乗りたちは、海が荒れるとニコラスに助けをもとめた。牢屋にいる囚人は、ニコラスが無実の罪で処刑されそうになった人を助けた話を思い出して祈った。中でもいちばん多かったのは、ニコラスのおかげで娘た

ちを奴隷に売らずにすんだ男の話を知って、わたしの子を守ってくださいと祈る父親や母親だった。天国に行ってもニコラスは人々の祈りを聞くことができたし、困っている人を助けたいという強い気もちにも変わりはなかった。

消えた子供とふたつのカップ

　ニコラスが死んで何年かたったある日、ひとりの貴族がミラにあるニコラスの墓の前で、息子をさずけてくださいと祈った。その貴族は何年も子どもがほしいと思っているのに、なかなかできなかったのだ。もし息子が生まれたら黄金のカップを作らせ、それをニコラスの墓にそなえると貴族は約束した。

　彼が家に帰ると妻に子供ができ、その年のうちに息子が生まれた。約束を覚えていた貴族は金細工師(きんざいくし)にすばらしく美しい黄金のカップを作るよう注

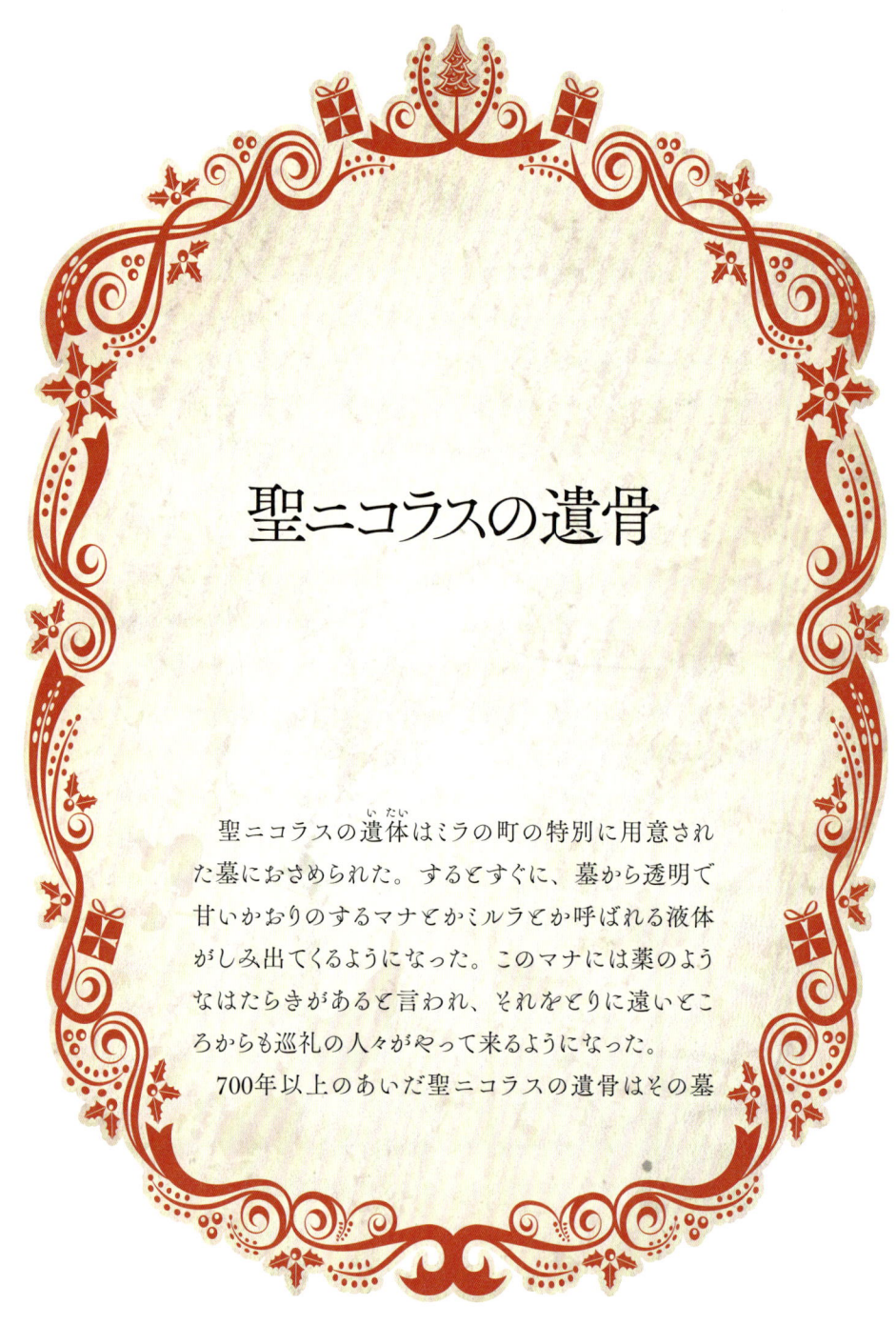

聖ニコラスの遺骨

　聖ニコラスの遺体はミラの町の特別に用意された墓におさめられた。するとすぐに、墓から透明で甘いかおりのするマナとかミルラとか呼ばれる液体がしみ出てくるようになった。このマナには薬のようなはたらきがあると言われ、それをとりに遠いところからも巡礼の人々がやって来るようになった。
　700年以上のあいだ聖ニコラスの遺骨はその墓

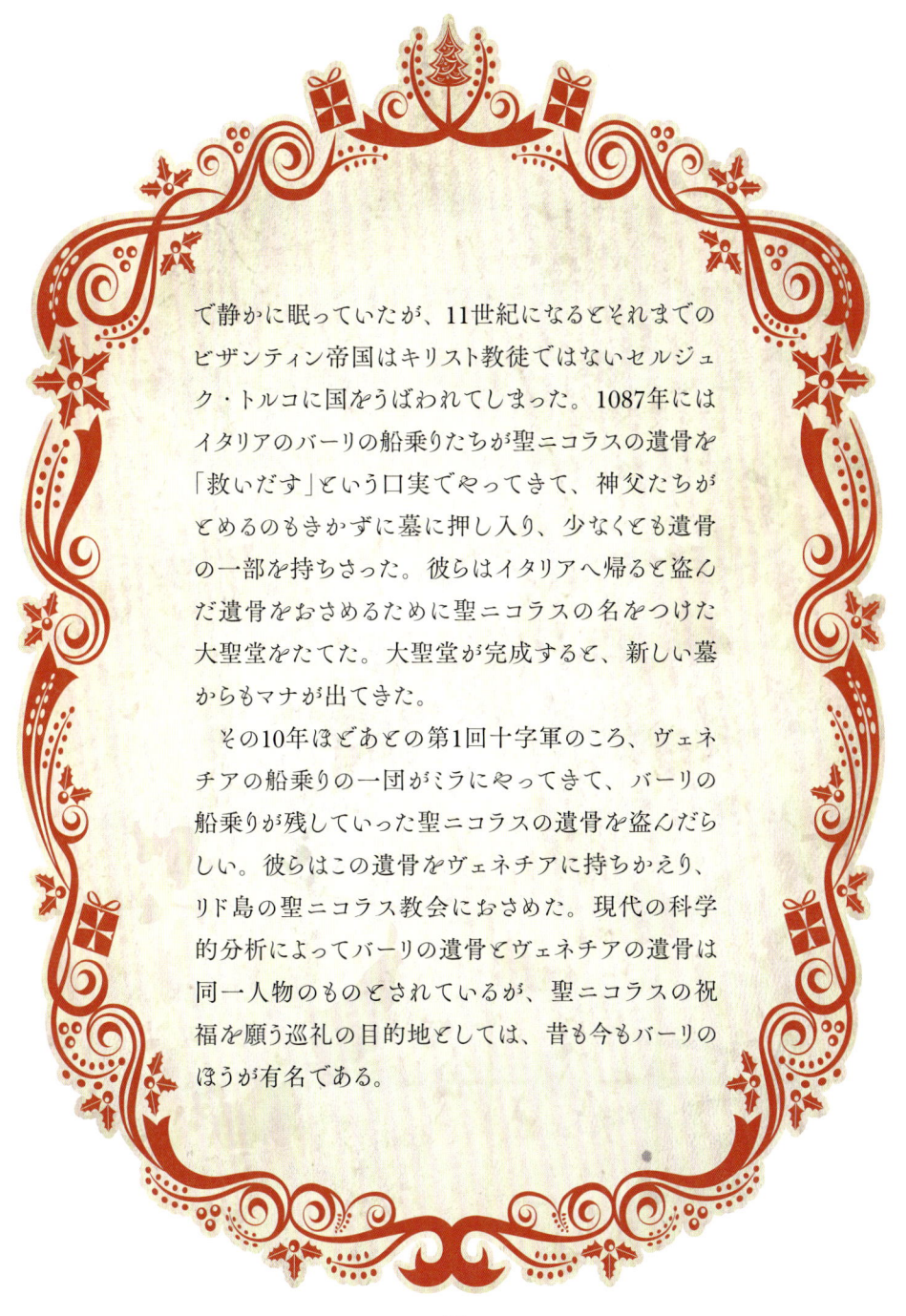

で静かに眠っていたが、11世紀になるとそれまでのビザンティン帝国はキリスト教徒ではないセルジュク・トルコに国をうばわれてしまった。1087年にはイタリアのバーリの船乗りたちが聖ニコラスの遺骨を「救いだす」という口実でやってきて、神父たちがとめるのもきかずに墓に押し入り、少なくとも遺骨の一部を持ちさった。彼らはイタリアへ帰ると盗んだ遺骨をおさめるために聖ニコラスの名をつけた大聖堂をたてた。大聖堂が完成すると、新しい墓からもマナが出てきた。

その10年ほどあとの第1回十字軍のころ、ヴェネチアの船乗りの一団がミラにやってきて、バーリの船乗りが残していった聖ニコラスの遺骨を盗んだらしい。彼らはこの遺骨をヴェネチアに持ちかえり、リド島の聖ニコラス教会におさめた。現代の科学的分析によってバーリの遺骨とヴェネチアの遺骨は同一人物のものとされているが、聖ニコラスの祝福を願う巡礼の目的地としては、昔も今もバーリのほうが有名である。

文した。カップの完成までには1年以上かかったが、できあがったカップを見た貴族はそれをニコラスの墓にそなえるのが惜しくなった。そこでそれは自分のためにとっておき、金細工師にニコラスのためのカップをもうひとつ注文することにした。金細工師はふたつめのカップもひとつめと同じくらいすばらしいものにしようと仕事にはげみ、前よりもっと時間をかけて完成させた。

　ふたつめのカップが完成した少しあと、貴族はニコラスの墓にそれをそなえるため、息子といっしょに船でミラへ行くことにした。その旅の途中、貴族は息子にひとつめのカップをとってきてそれに水をくんでおくれ、とたのんだ。父親は水のはいった桶(おけ)からくむように言ったつもりだったが、息子は聞きまちがえ、船から身を乗りだして海の水をくもうとした。そしてそのとき悲劇が起こった。息子はぬれた甲板ですべり、黄金のカップをしっかり持ったまま海に落ちてしまったのだ。父親が気づいたときはもう遅かった。息子のすがたは見えなくなっていた。悲しみのどん底に落ちた父親は、それでも

聖ニコラスの奇跡

ミラにむかって旅を続けた。

ミラに着いた父親は、約束を守るために聖ニコラスの墓へ行った。ところがふたつめのカップを墓にそなえようとすると、目に見えない手に押しかえされ、床にたおされてしまった。起きあがってまたカップを持ち、墓にそなえようとしても、また見えない手に押しかえされる。

どうしていいかわからなくなったとき、奇跡が起こった。息子がひとつめのカップを持ってあらわれたのだ。父親はうれし泣きしながら息子を抱きしめ、いったい何があったのかとたずねた。息子が言うには、彼が船から身をのりだして海に落ちたとたん聖ニコラスがあらわれて彼を水から引っぱりあげ、無事にミラまで連れてきてくれたということだった。父親は神と聖ニコラスに感謝のことばをささげながら、黄金のカップをふたつとも墓にそなえた。

父親はたくさんの人にこの話をしたので、人々は聖ニコラスが昔とかわらず自分たちを見守っていてくれると信じるようになった。聖ニコラスは今も海で災難にあっ

た者を助けにきてくれるし、今も子どもを見守っていて、いざとなれば助けてくれると信じたのだ。

大司教とイコン

　それから何年もあとのこと、コンスタンティノポリスのテオファヌスという男が夢の中で、偉大な聖人のすがたを描いたイコン(聖なる絵)を3枚描かせ、それを地区の大司教にさしあげなさい、という声を聞いた。大司教というのはその地区のすべての司教を監督する役目の人だ。そこでテオファヌスは画家にお金をわたして3枚の美しいイコンを描かせた。1枚はイエス・キリスト、もう1枚は聖母マリア、最後の1枚は聖ニコラスの絵だった。3枚のイコンが完成するとテオファヌスは大司教を食事にまねき、イコンをわたした。

　大司教はキリストと聖母マリアのイコンはうけとったが、聖ニコラスのイコンを見ると顔をしかめた。

　「聖ニコラスはイコンに描くにはふさわしくありません。この人の両親はただのいなか者ですからね」と大司教は

言った。

　テオファヌスはがっかりして、聖ニコラスのイコンを自分の家にかざった。

　それからしばらくして大司教は、ある島に住む人から娘が病気だから来てほしいとたのまれた。大司教が小舟にのって島へむかうと、途中で大嵐になった。小舟は大波にもみくちゃにされ、大司教は海に投げだされてしまった。必死で水の上に頭だけ出した大司教は、息もたえだえに天にむかって助けをもとめた。

「偉大な聖人のみなさま、どうかお助けください」

　そのとたん、聖ニコラスがあらわれた。

「わたしはいなか者の息子だが、わたしの助けでもいいのかな」。ニコラスはこう言ってにやりとした。

「どうかお許しください、偉大な聖ニコラス様。これからは絶対にあなたを見くだすようなことはいたしません」

　聖ニコラスは大司教を海からぐいと引きあげ、陸地にそっとおろしてやってからすがたを消した。

コンスタンティノポリスにもどった大司教はテオファヌスのところへ行き、聖ニコラスのイコンをもらいたいと言った。テオファヌスは喜んでイコンをわたした。大司教は聖ニコラスにささげる教会を新しく建て、もらったイコンをその中心にかざった。
　今ではこの教会のほかにも聖ニコラスの名前のついた教会はたくさんある。聖ニコラスはとても有名で人気のある聖人だからだ。彼が死んだ12月6日は、神聖な日としていろいろな行事が行われるようになった。

老夫婦とじゅうたん
　あるところに年よりの夫婦がいた。長いあいだ毎年の聖ニコラスの日にはお祝いをしてきたが、今ではすっかり年をとって働くこともできず、めんどうを見てくれる子供もいなかった。だから食べ物を買うために家にある物を少しずつ売りはじめた。その年の聖ニコラスの日が近づいたとき、ふたりにはもう色のあせた1枚のじゅうたんしか売るものがなくなっていた。

「いくらで売れるかわからないけれど、このじゅうたんを市場へ持っていって売ってみてください。もうこれしか残っていませんから。お金が手に入ったら、聖ニコラスのお祭りをするためのご馳走を買ってきてくださいね」とおばあさんがおじいさんに言った。

そこで、おじいさんはじゅうたんをくるくる巻いて肩にかつぎ、市場までゆっくり歩いて行った。市場に着くと、背の高い立派な身なりの紳士が近づいてきた。そして、そのじゅうたんをいくらで売りたいのですか、とたずねた。おじいさんはいくらで売ればいいのかわからなかったので、むかし買ったときの値段を言った。

紳士はにっこりして金貨を6枚もくれた。むかし買ったときの値段よりもずっと多いお金だった。おじいさんはお礼を言ってカーペットをわたした。

あたりを見まわすと、市場じゅうの人がじっとおじいさんを見ていた。そして「いったいだれと話していたんだい？　かついでいたじゅうたんはどうした？」ときくのだ。

サンタクロース物語

　おじいさんはわけがわからなくて、ふりむいて紳士のすがたをさがしたけれど、紳士は市場の人ごみの中へ消えてしまっていた。しかたがないから肩をすくめ、金貨を袋に入れて聖ニコラスの日のご馳走を買いに行くことにした。

　その少しあと、そろそろおじいさんが帰るころかしら、と思ったおばあさんが家の外へ出てみると、売りに行ったはずのじゅうたんをかついだ紳士が歩いてきた。その人はにっこりしてじゅうたんをおばあさんの前に置いた。
「わたしはおじいさんの古い友だちです。今日市場であったとき、おじいさんがこのじゅうたんをわたしにくれましたが、返しておいてくれませんか」と紳士は言った。

　おばあさんが足もとに置かれたじゅうたんを見てから顔をあげると、紳士のすがたは消えていた。2、3分後に帰って来たおじいさんは、びっくりした顔で地面に置かれたじゅうたんを見つめた。
「どうしてこれがここにあるんだい？」

聖ニコラスの奇跡

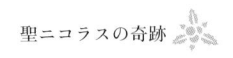

「あなたの友だちという人が持ってきたんです。あなたはこれを売りに行ったんですよね？」

「売ったよ」。
おじいさんはそう言って金貨を見せた。
　そのとき、おじいさんは何が起きたのか気づいた。「あれはわたしたちの古い友だちだったんだ。あれは聖ニコラスだよ。今日は聖ニコラスの日だ。彼は市場でわたしの前にあらわれたんだ。だからほかの人たちには見えなかったんだ」とおじいさんはつぶやいた。
　この話を聞くと、ほかの人たちも聖ニコラスの日を祝うようになった。中にはお互いにちょっとした贈り物をやりとりするようになった人もいた。生きていたときも死んでからもいろいろな人に贈り物をした聖ニコラスのまねをしたのだ。

金貸しと杖

　聖ニコラスの日を祝う人がふえてくると、みんなはニコラスが正義の人だったことも思いだすようになった。ニコラスは、だれがいいことをしているか、だれが悪いことをしているかいつも知っていて、正しいことをした

聖ニコラスの奇跡

人にはほうびを、他人をだまそうとした人には罰をあたえる聖人だった。

ニコラスが死んで何世紀もたったある日、お金のない男が金貸しのところへやって来た。借金のかたにするような値うちのある物は何ひとつなかったが、男は聖ニコラスの名にかけて借りた金は利子をつけてかならず返すと誓った。金貸しはキリスト教徒ではなかったが、その男のことばを信じて必要なだけ貸してやった。

しばらくすると、金貸しは借金をした男がその金を元手に大もうけしたといううわさを聞いた。そこで男のところへ行き、貸した金を返してくれと言った。借りた男は、もう金は返したじゃないか、とうそをついた。腹をたてた金貸しは、男を裁判所にうったえた。

借金をした男は、裁判所へ行く前に自分の杖をとりだし、中をくりぬいてそこへ金をつめた。そして裁判所に着くと、自分が話すあいだちょっと杖を持っていてくれと金貸しにたのんだ。それから裁判官の前に立ち、杖をもつ金貸しを指さして、借りた金は利子をつけて金貸し

に全部わたしたときっぱり言った。どう見てもうそを言っているようには思えなかったので、裁判官は男の言うことを信じて金貸しのうったえをみとめなかった。

　その日の午後、その男は杖をもって帰るとちゅう、道ばたでちょっとひと眠りすることにした。そこへ運の悪いことに、坂道でかってに動きだした荷車が大きな音をたててごろごろと下ってきた。荷車は寝ていた男をひき殺し、杖を折って中の金をあたりにぶちまけた。

　その事件が耳にはいると、金貸しはようすを見に行った。集まった人々のまん中に折れた杖と金がちらばっているのを見て、どうして死んだ男が裁判官の前であれほど堂々とうそがつけたのか、金貸しにもやっとわかった。みんなにその金はあんたのものだから持っていけと言われても、金貸しは金に手をふれようとしなかった。
「この金は聖ニコラスにのろわれています。聖ニコラスが祝福してくれるまで、わたしは手をだしません」
　そのとき集まった人々の中から白いひげの老人が進み出て、死んだ男の手にさわり、立ちなさいと命令した。

するとお金を借りた男は目をひらいて立ちあがったので、集まった人々はびっくりした。立ちあがった男は金貸しのほうを向いて、わたしがお借りした金を、わたしの感謝と聖ニコラスの祝福とともに受けとってくださいと言った。

それを聞いた人々は白いひげの老人の正体がわかり、もう一度よく見ようとしたけれど、そのすがたは消えてしまっていた。

さらわれた子ども

こうして何世紀もすぎ、キリスト教がヨーロッパ中に広まるにつれて、聖ニコラスの物語もたくさんの人に知られるようになった。ローマ帝国やそのあとに生まれたいくつもの小さな王国がほろびたあとも、聖ニコラスの物語は生き続けた。聖ニコラスの日は、特にクリスマスに近いこともあって、多くの地域で大切な祭日になった。そのうち聖ニコラスの日にはたくさんの人がご馳走を食べたりパーティーを開いたりするようになったが、この

日をほかのどこよりも盛大に祝うのはミラの町だった。

　クレタ島から海賊がやってきてミラの町を攻撃したのは、そんなお祝いをしていたときだった。海賊は町の人たちをひどい目にあわせたばかりか、聖ニコラス教会までおそって宝物をひとつ残らず盗んでいった。ろうそくを立てる銀のしょく台や美しく描かれたイコン（聖なる絵）や黄金の聖杯も全部とっていった。おまけに盗んだ宝物をもって船に帰るとちゅう、アデオダトゥスという名前の少年をさらって連れていった。

　海賊たちはクレタ島にもどると、アデオダトゥスを王に奴隷として売った。少年は島のことばを知らなかったから、王が言うことはひとつもわからない。そこで王は少年を食事のときの給仕係にして、いつもそばにおくことにした。

　あわれなアデオダトゥスは長いあいだ王の給仕係をつとめた。何もしゃべらずに、王のさかづきを持ってどこへでもついて行った。そして聖ニコラスのお祝いが近づいたある日、王はアデオダトゥスが泣いているのをみつ

けた。
「何を泣いているのだ」
と王は少年の国のことばでたずねた。
「わたしの生まれた国と両親のことを考えていました。今日は聖ニコラスの日で、国ではみんなご馳走を食べてお祝いするのです」

王は笑った。「お前たちの聖ニコラスは何でも好きにすればいいさ。だがお前は二度と家にはもどれないぞ」

そのとき、ものすごい風が島じゅうに吹きあれた。風は王の宮殿を打ちこわし、中にいた全員を安全なところに吹きとばした。その大さわぎの最中に聖ニコラスがすがたを見せ、アデオダトゥスの手をとってつれさった。

次の瞬間、アデオダトゥスは王の黄金のさかづきを持ったまま、両親の家の前に立っていた。中に入ると両

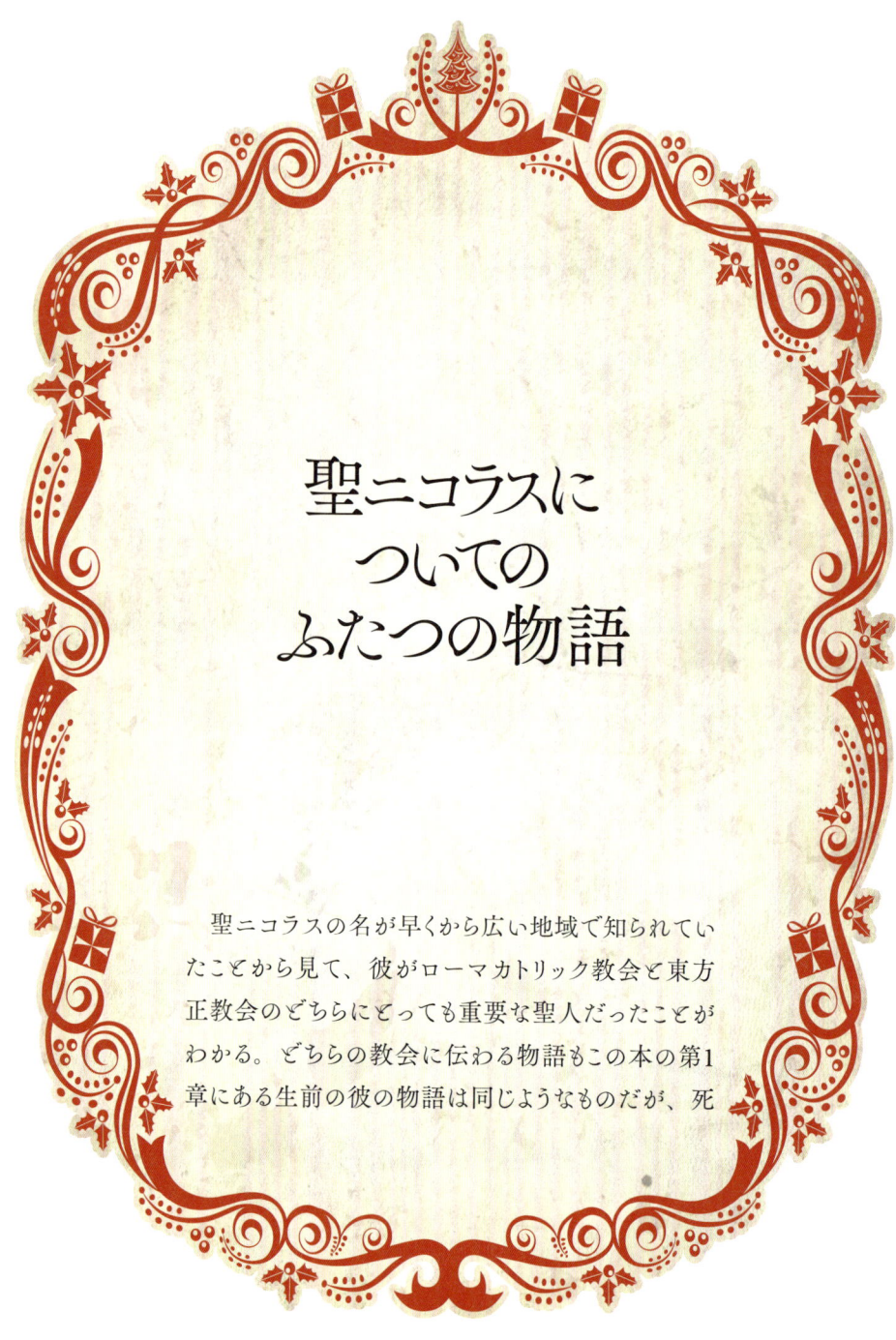

聖ニコラスについてのふたつの物語

聖ニコラスの名が早くから広い地域で知られていたことから見て、彼がローマカトリック教会と東方正教会のどちらにとっても重要な聖人だったことがわかる。どちらの教会に伝わる物語もこの本の第1章にある生前の彼の物語は同じようなものだが、死

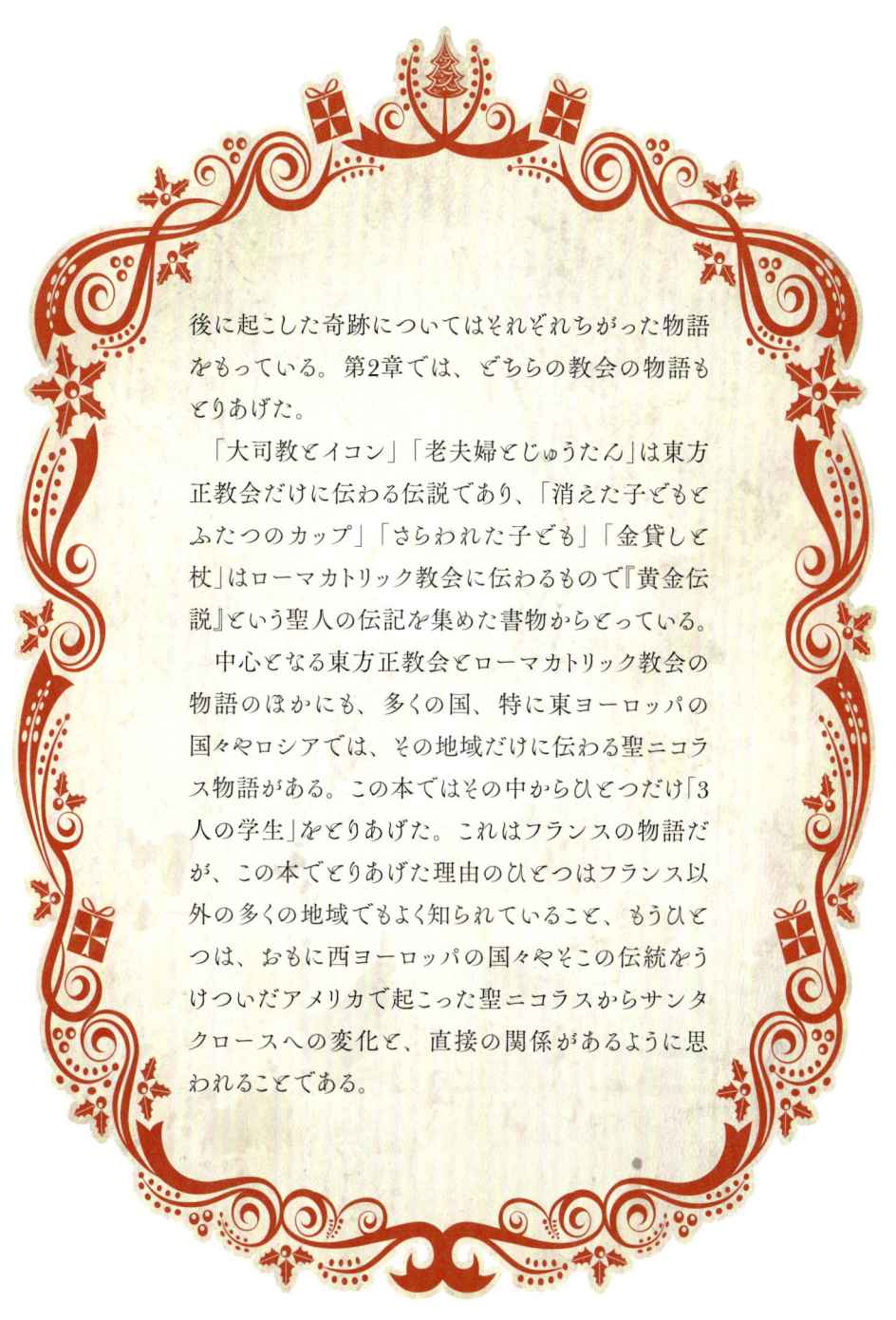

後に起こした奇跡についてはそれぞれちがった物語をもっている。第2章では、どちらの教会の物語もとりあげた。

　「大司教とイコン」「老夫婦とじゅうたん」は東方正教会だけに伝わる伝説であり、「消えた子どもとふたつのカップ」「さらわれた子ども」「金貸しと杖」はローマカトリック教会に伝わるもので『黄金伝説』という聖人の伝記を集めた書物からとっている。

　中心となる東方正教会とローマカトリック教会の物語のほかにも、多くの国、特に東ヨーロッパの国々やロシアでは、その地域だけに伝わる聖ニコラス物語がある。この本ではその中からひとつだけ「3人の学生」をとりあげた。これはフランスの物語だが、この本でとりあげた理由のひとつはフランス以外の多くの地域でもよく知られていること、もうひとつは、おもに西ヨーロッパの国々やその伝統をうけついだアメリカで起こった聖ニコラスからサンタクロースへの変化と、直接の関係があるように思われることである。

親が聖ニコラスの日を祝う準備をしているところだった。

　ふたりは走りよって息子を抱きしめ、3人はむかしその町の司教だった偉大な聖人に感謝したのだった。

3人の学生

　聖ニコラスは子どもを助けるための奇跡をたくさん起こしたので、聖ニコラスの名前とその祝日はほかの何よりも子どもと結びつけられることが多くなっていった。子どもを助けた話はたくさんあるが、いちばん有名なのは次のような話だ。細かいところはわからなくなっているし、話す人によって少しずつ内容が違うが、3人の学生が家に帰るとちゅうの出来事だったのはまちがいない。

　学生たちは長いあいだ歩いており、太陽はずっと前に丘のむこうにしずんでいた。疲れておなかもすいていたので、3人はひと晩どこかで休むことにした。するとちょうどそのとき、窓ごしに暖かそうな火のゆらめきが見える宿屋を見つけた。やれやれここで休むことができる、と喜んだ3人は中にはいった。

中は静かで、火の燃えるパチパチという音しか聞こえない。広い居間の中にはほかにだれもいない。3人がどうしようかと迷っていると、ドアがあいてからだの大きな男がひとり入ってきた。男は手にもった肉切り包丁を汚れたぼろ布でふいている。
「宿のご主人ですか」と学生のひとりがきいた。「わたしたちは、おなかがぺこぺこなんです。それにひと晩寝る場所がほしいのですが」
「金はあるのか」と宿の主人がきいた。
　学生たちは3人そろってコインでふくらんだ袋をもちあげ、主人に見せた。
　主人はうなずいて言った。「テーブルについて待っていてくれ。食べ物をもってくるよ」
　3人が暖炉のそばでくつろいでいるあいだに、主人は台所に行った。火にかけた鍋の中ではシチューがぐつぐつ煮えている。主人はほこりのたまった棚の奥にかくしてあった古いびんを取りだした。そしてそこから黒っぽい粉をひとつかみ取って鍋に入れた。それからボウルを

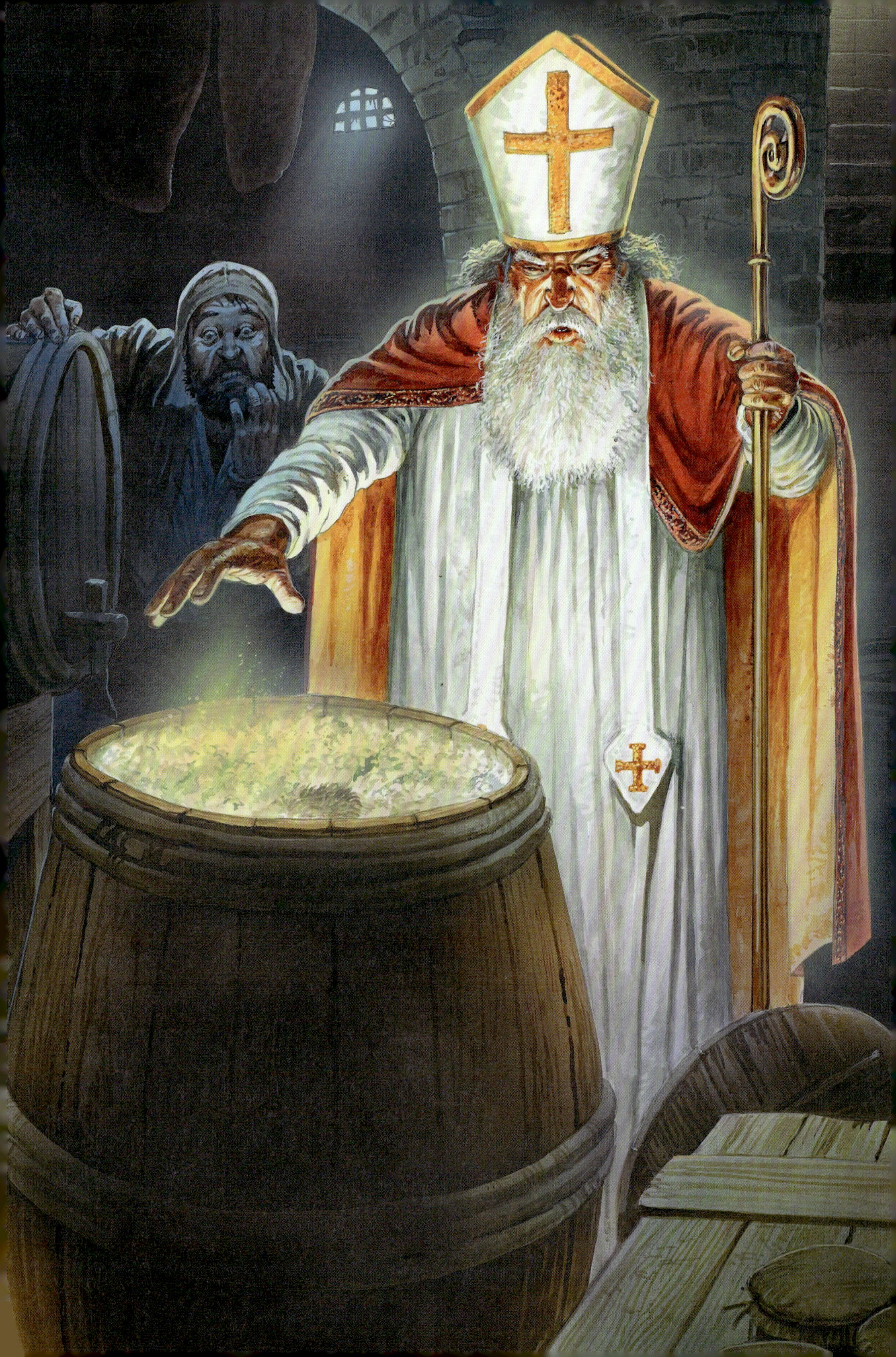

聖ニコラスの奇跡

3つ出して熱いシチューをたっぷり入れ、学生たちのところへ持っていった。

　3人はお礼を言うと、大急ぎでがつがつ食べた。だが食べ終わったとたん急に眠くなってきて、テーブルにもたれてそのまま眠ってしまった。

　悪い宿屋の主人は3人が眠ったのを見ると肉切り包丁を持ってきた。まずひとりひとりからコインの入った袋をとった。それから学生たちのからだを包丁でこまかく切ると、それを集めて物置のつけもの樽にほうりこんだ。

　その夜おそく宿屋の主人がすわって盗んだ金を数えていると、だれかがドアをたたいた。主人が気づかないふりをしていると、またドアをたたく音がした。面倒くさいなあ、と思いながら主人は立ちあがってドアをあけた。そこにだれがいようと、今日はもうおしまいだと言うつもりだった。だが、ドアをあけた主人は驚いて口をあんぐりとあけたまま、何も言えなかった。戸口には赤と白の司教の衣装を身につけた聖ニコラスが立っていたのだ。

　聖ニコラスは主人をわきに押しのけて中にはいり、

まっすぐ物置へむかった。主人は恐ろしすぎてじゃまをすることもできず、あとをついて行った。聖ニコラスは主人が切りきざんだ3人の学生のからだをかくしたつけもの樽の前へ行くと立ちどまった。そして樽のふたを取り、中のどろどろの汁を見た。それからかた手を樽の上にかかげると、3人の学生に出ておいでと呼びかけたのだ。

　学生たちはすっかり元どおりに生きかえって、ひとりずつ順番に樽から出てきた。これを見ていた宿の主人は床にひれふして、お許しくださいとたのんだ。聖ニコラスがその男の心の奥をじっと見ると、ほんとうに心を入れかえたことがわかった。そこで男をゆるしたが、これからは子どもが困っていたらいつも助けてやること、そしてお金は絶対に受けとらないことを誓わせた。

　もちろん学生たちはこの出来事をみんなに話したから、聖ニコラスは子どもを見守ってくれる特別な聖人としてますます知られるようになった。この話はとても有名になったので、聖ニコラスの日にこの物語の劇をする町も

聖ニコラスの奇跡

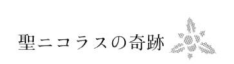

たくさんあった。

第3章
贈り物をくれる人

　中世には、聖ニコラスはとても有名で人気のあるカトリックの聖人だった。15世紀の終わりにはその名前のついた教会、礼拝堂、修道院、学校、病院が何百もあった。ギリシア、ドイツ、ベルギー、オーストリア、イタリア、スイスなどたくさんの国が聖ニコラスを守護聖人にした。それ以外のほとんどのヨーロッパの国にも、少なくともふたつぐらいは聖ニコラスを守護聖人にした町があった。ニコラスは昔から特に船乗りを守る聖人と考えられていたが、いろいろな奇跡を起こしていたのでほかにもたくさんの人々の守護聖人とされていた。聖ニコラスを守護聖人とする人々のリストは長く、中には少しかわった職

贈り物をくれる人

業のグループもあった。たとえば弓を射る射手(しゃしゅ)、樽(たる)つくりの職人、肉屋、死体が腐らないように処理する人、消防士、裁判官、軍隊のスパイ、親をなくした孤児(こじ)、質屋、囚人、廃品回収業者、リボン用の布を織る人、くつみがき、教師、ワイン商人などである。しかし、いくらたくさんの人が聖ニコラスに守られているといっても、子どもを見守る聖人という役目がいちばん重要だった。

　はっきりいつとは言えないが中世のあるころから、12月6日の聖ニコラスの日の前夜、聖ニコラスは子どもたちのところへ特別な訪問をするようになった。そして訪問するときには、おもちゃやお菓子や果物などのちょっとした贈り物をドアの近くに置いていくのだった。最初に訪問を始めたのはフランスだったらしいが、すぐに西ヨーロッパ全体に足をのばすようになった。そうした

サンタクロース物語

国々では聖ニコラスが来ると子どもたちが強く信じていたからだ。国によって、聖ニコラスは窓から家に入ることもあれば、えんとつから入ることもあった。贈り物をくつやくつ下の中に入れることもあった。特に北のほうの国では、夜の旅が楽にできるように大きな白い馬に乗ってきた。赤と白の司教の服を着て贈り物をくばるところもあった。

　聖ニコラスはすべての子どもを愛していたが、全員に贈り物をくれるわけではなかった。贈り物をもらえるのはお行儀よくしていて、お父さんお母さんの言うとおりきちんとお祈りをする子だけだった。生きていたころと同じように、聖ニコラスは人々の心の中を読み、ほんとうはいい人かどうか、悪いことをした人ならそれを心から後悔しているかどうか知ることができた。だからいい子でなかったり悪いことをしたのに反省していなかったりしたら、次の年はがんばっていい子になるよう、その年はくつやくつ下をからっぽのままにしておくのだった。

何年も何十年もすぎるうちに、聖ニコラスのことを知り、自分のところへも来てくれると信じる子どもの数がどんどんふえてきたので、聖ニコラスはますますたくさんの場所へ行くようになった。彼がやって来る日のお祭りもますます手のこんだものになり、聖ニコラスの日にはパレードをしたりダンスをしたり、おいしい物を食べたり飲んだり、町全体で祝うようになった。ほとんどの人はこうしたお祭り騒ぎを楽しんでいたが、ちょっと派手になりすぎたと思う人もいた。

宗教改革

16世紀はじめ、マルティン・ルターというドイツ人の神父が、司教に長い手紙を書いてカトリック教会の改革をうったえた。この手紙の写しは数週間のうちにドイツ中に広まり、カトリック教会の古い制度に反対する人々の団結のしるしになった。その後しばらくは混乱が続いたが、この宗教改革運動はヨーロッパのほとんどの

サンタクロースと オーディン

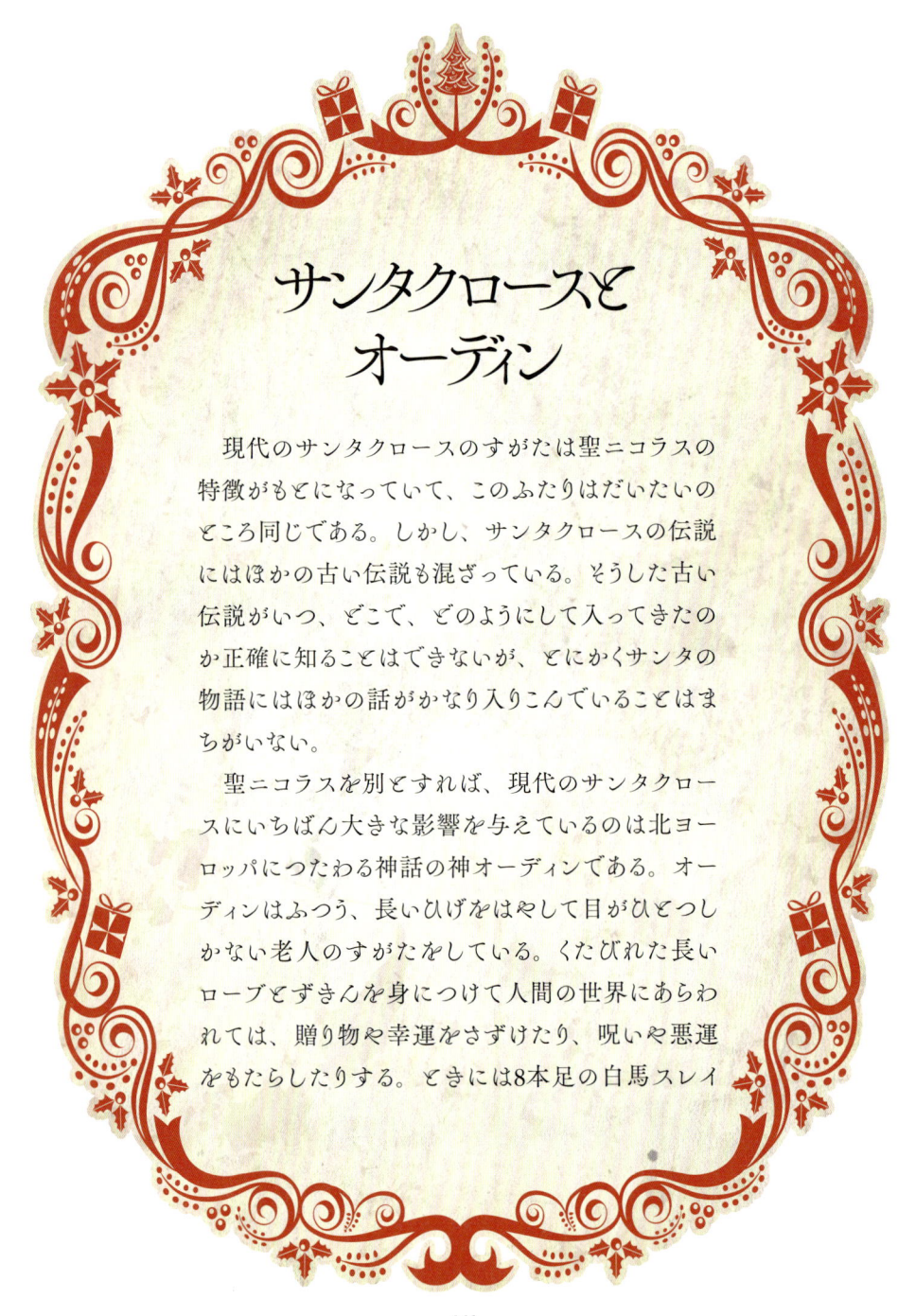

　現代のサンタクロースのすがたは聖ニコラスの特徴がもとになっていて、このふたりはだいたいのところ同じである。しかし、サンタクロースの伝説にはほかの古い伝説も混ざっている。そうした古い伝説がいつ、どこで、どのようにして入ってきたのか正確に知ることはできないが、とにかくサンタの物語にはほかの話がかなり入りこんでいることはまちがいない。

　聖ニコラスを別とすれば、現代のサンタクロースにいちばん大きな影響を与えているのは北ヨーロッパにつたわる神話の神オーディンである。オーディンはふつう、長いひげをはやして目がひとつしかない老人のすがたをしている。くたびれた長いローブとずきんを身につけて人間の世界にあらわれては、贈り物や幸運をさずけたり、呪いや悪運をもたらしたりする。ときには8本足の白馬スレイ

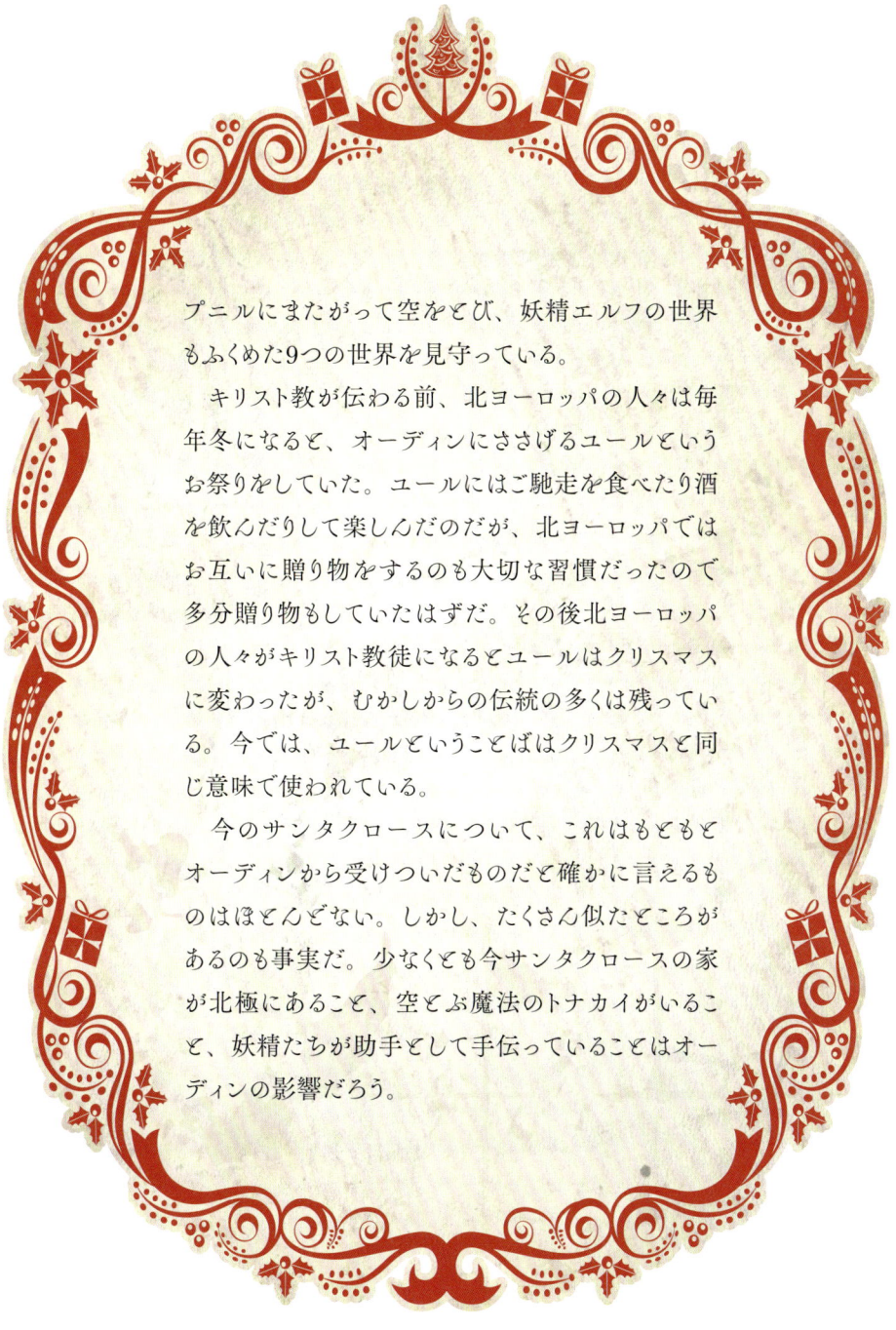

プニルにまたがって空をとび、妖精エルフの世界もふくめた9つの世界を見守っている。

　キリスト教が伝わる前、北ヨーロッパの人々は毎年冬になると、オーディンにささげるユールというお祭りをしていた。ユールにはご馳走を食べたり酒を飲んだりして楽しんだのだが、北ヨーロッパではお互いに贈り物をするのも大切な習慣だったので多分贈り物もしていたはずだ。その後北ヨーロッパの人々がキリスト教徒になるとユールはクリスマスに変わったが、むかしからの伝統の多くは残っている。今では、ユールということばはクリスマスと同じ意味で使われている。

　今のサンタクロースについて、これはもともとオーディンから受けついだものだと確かに言えるものはほとんどない。しかし、たくさん似たところがあるのも事実だ。少なくとも今サンタクロースの家が北極にあること、空とぶ魔法のトナカイがいること、妖精たちが助手として手伝っていることはオーディンの影響だろう。

人たちに宗教に対する考え方を変えさせた。たくさんの国で人々はカトリック教会と縁を切り、自分たちの教会をつくった。新しくできた「プロテスタント（『抵抗する人』という意味）」教会は、神とキリストは信じていたが、カトリックの聖人の力や伝説は信じなかった。だから教会から聖人の像を全部ひっぱり出し、聖人の物語を描いたステンドグラスをこわしてしまった。聖人に祈ったり、守ってくださいとたのんだりすることもなくなった。

　宗教改革の運動が大きくなってヨーロッパ中に広がると、聖ニコラスの祭りのような伝統的な行事をやめてしまう町も出てきた。改革をすすめる人たちの多くは、子どもに贈り物をもってくる聖ニコラスなんてばかばかしい作り話で、まじめに神を信じる宗教にはふさわしくないと考えたのだ。だからプロテスタント教会の人たちは昔の司教だった聖ニコラスに祈ることをやめ、奇跡の物語もまったく信じなくなった。聖ニコラスは自分を信じていない人のところへ行くことはできない。だからそういうところでは訪問をやめてしまった。

クランプスとクリスマスの鬼

　宗教改革は、何もかもうまくいったわけではなかった。昔からの宗教や聖人への信仰が人々の心に深くきざみこまれている場所では、古い信仰と新しいキリスト教との対立のせいで世の中が混乱し、暴力的な事件が起きることさえあった。聖ニコラスは彼を信じる人がいる場所では訪問を続けていたのだが、何が何だかわけがわからなくなって不安に思っている人たちも多かった。どさくさにまぎれて聖ニコラスのじゃまをしようとする者たちも出てきた。ほとんどはずっと昔に世界をうろついていた鬼や怪物だ。キリストがあらわれてからはこっそりかくれて生きていた彼らにも、いたずらをするチャンスが来たのだ。聖ニコラスはそういう怪物からなんとか子どもを守ろうとしていたが、怪物たちのすることを完全にとめることはできなかった。特に怪物たちが悪い子を追いかけている時には。

　怪物の中でもいちばんよく知られているのがクランプスという鬼である。オーストリアのアルプス地方で生ま

れ、毛むくじゃらの大きなからだをして、ふたつに割れたひづめとヤギのような長いつのと先がふたつにわかれた舌をもっている。毎年聖ニコラスの日の前の晩に山からおりてきて、聖ニコラスも守ることができないような悪い子を追いかけまわすのだ。重い鉄のくさりをジャラジャラいわせながら町や村をうろつきまわる。肩には古い袋をかついでいて、特別に悪い子を見つけるとつかまえてその袋に入れるのだ。つかまえられた子どもは、クランプスのすみかに連れて行かれて食べられてしまうという話もあれば、地獄に送られるという話もあった。どちらにしても、その子は二度ともどってこない。

聖ニコラスは、ちょっと悪いことをしただけの子どもなら守ることができて、クランプスが

贈り物をくれる人

入れて連れて行くのをやめさせた。クランプスはそういう子どものためにムチにする細くて長い木の杖を持ち歩いていた。ちょっとだけ悪いことをした子は、クランプスにみつかるとそのムチでたたかれ、泣きながら家に帰るのだった。

聖ニコラスの日にあらわれる怪物の中ではクランプスがいちばん有名だったが、ほかにも似たような怪物はいた。ドイツの一部にはペルツニッケルという鬼がいて悪い子をつかまえた。ペルツニッケルはぼろぼろの毛皮を着ている腰のまがった気味の悪い年よりで、お面をつけていることもある。たたかれるととても痛そうな長いムチをもっていて、聖ニコラスの日の前の晩に悪い子をみつけるとそれでたたくのだ。

クネヒト・ループレヒトという怪物も出てきた。毛皮を着た小さい男のすがたをしていて、長い杖と灰を入れた袋を持っている。聖ニコラスより前にやってきて、子どもがお祈りをできるかどうかたしかめ、できる子は聖ニコラスにまかせ、できない子は灰を入れた袋でたたく

のだった。

　ここにあげたのは聖ニコラスの邪魔をしに出てきた奇妙な怪物たちのほんの一部で、実際にはもっとたくさんの怪物がいた。聖ニコラスに追いはらわれて二度と出てこなくなったものもいるが、たとえばクランプスのように今もときどき出てくるものもいる。

ファザー・クリスマス

　カトリックの人もプロテスタントの人もいる多くの国では、聖人を信じるとか信じないとかいうもめごとをさけるため、聖ニコラスに似ているが少し違うものが考え出された。イギリス、フランス、イタリアでは聖ニコラスは「ファザー・クリスマス（クリスマスのお父さん）」と名前を変えて、12月6日の聖ニコラスの日ではなく、クリスマスの日にやって来るようになった。衣装も、むかしから伝わる司教の服ではなくなった。白くて長いひげは聖ニコラスのときと同じだが、服は白い毛皮のふちどりのある緑か赤の服になった。この服は多少古くてすりきれ

贈り物をくれる人

ているところもあったので、ヒイラギかヤドリギの葉をちょっと飾ることもあった。頭にはやわらかい毛皮の帽子をかぶることもあれば、フードをかぶることもあった。

　ファザー・クリスマスになった聖ニコラスは、子どもに贈り物をとどけることより、クリスマスの機会を利用して平和と喜びを世界に広めることを目的とするようになった。そうすれば、宗教についての争いが人々の心にのこした傷を少しでも治せるのではないかと考えたのだ。だからそのころの彼は人間のやさしい心が起こした奇跡を人々に知らせたり、思いやりの心をもつように教えたりしていた。プロテスタントの中には、ファザー・クリスマスなどのうわべだけ派手なクリスマスの行事や伝統はすっかりやめてしまいたいと考える人もいたが、それはごく一部だった。聖ニコラスの願いをこめた訪問は失敗よりは成功することのほうが多かった。イギリスではファザー・クリスマスはすっかり人気者になり、チャールズ・ディケンズは『クリスマス・キャロル』という本の

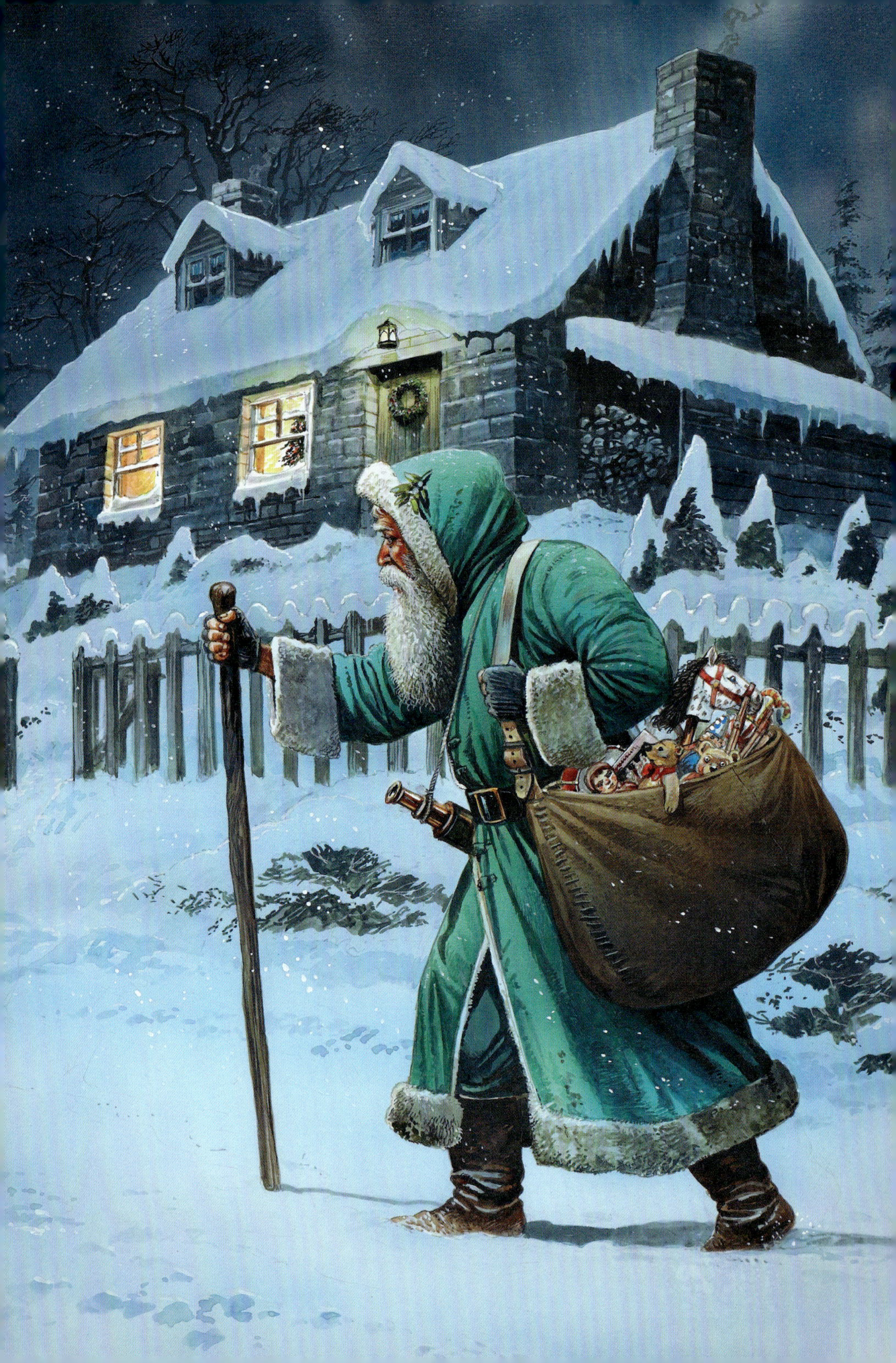

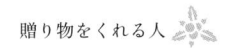

中で、「現在のクリスマスのゆうれい」という名前でプレゼントとご馳走にかこまれた陽気な大男のすがたで登場させている。

　キリスト教のいろいろな宗派は、結局は争いをやめてお互いを認めあうようになる。そうなるとファザー・クリスマスは、おなじように聖ニコラスから変化してもっと有名になったサンタクロースと混ざってしまい、みんな名前は違っても同じ人のことだと思うことになる。だがそれはまだ少し先の話だ。

シンタクラース
　何世紀ものあいだ、小さな国オランダではシンタクラース（オランダ語で聖ニコラスのこと）が来る日を盛大なお祭りとパレードで祝っていた。ところが宗教改革がはじまると、宗教の違いによって国がまっぷたつに分かれてしまった。プロテスタントが支配した北部ではシンタクラースのお祝いは禁止され、カトリックが支配した南部

では伝統がまもられていた。
　南部ではシンタクラースは11月に小舟に乗ってオラ

贈り物をくれる人

ンダにやって来て、12月6日までの2、3週間をオランダですごす。そのあいだに国中を旅してみんなに陽気な気分をとどけ、子どもたちにちょっとしたプレゼントをくばる。シンタクラースは赤と白の服を着て、丈の高い司教の帽子をかぶり、司教のしるしの杖をもっている。また全部の子どもの名前と、1年間どの子がいい子でどの子が悪い子だったかが書きこんである大きな本をかかえている。

シンタクラースはズワルト・ピートという名前の助手を連れてオランダへきた。ズワルト・ピートはエチオピア人の少年で、奴隷だったところをシンタクラースに助けられたということだ。ズワルト・ピートはプレゼントがいっぱい入ったシンタクラースの袋を持ち、子どもたちに小さなキャンディーやチョコレートをくばるのを手伝った。シンタクラースの小舟の道案内をしたり、えんとつから入ってプレゼントをくばる手伝いをしたりすることもあった。

オランダは幸運な国だ。聖ニコラスが昔からずっと1

クリストキント

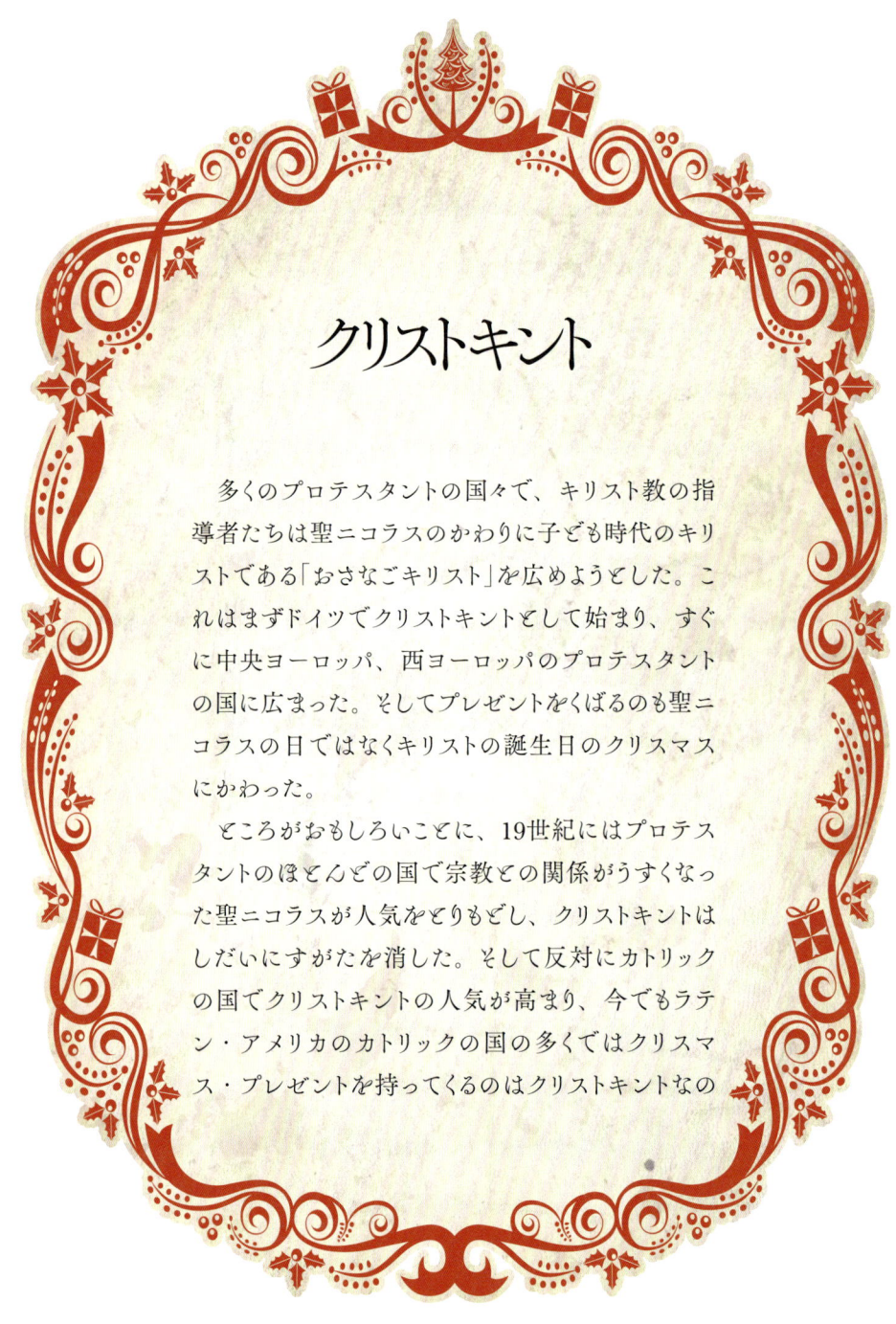

　多くのプロテスタントの国々で、キリスト教の指導者たちは聖ニコラスのかわりに子ども時代のキリストである「おさなごキリスト」を広めようとした。これはまずドイツでクリストキントとして始まり、すぐに中央ヨーロッパ、西ヨーロッパのプロテスタントの国に広まった。そしてプレゼントをくばるのも聖ニコラスの日ではなくキリストの誕生日のクリスマスにかわった。

　ところがおもしろいことに、19世紀にはプロテスタントのほとんどの国で宗教との関係がうすくなった聖ニコラスが人気をとりもどし、クリストキントはしだいにすがたを消した。そして反対にカトリックの国でクリストキントの人気が高まり、今でもラテン・アメリカのカトリックの国の多くではクリスマス・プレゼントを持ってくるのはクリストキントなの

だ。
　ヨーロッパからアメリカに移住した最初の人々の中には、クリス・クリンゲルという名前でクリストキントの伝統を持ちこんだ人もいた。しかし結局この伝統はもっと人気のあるアメリカのクリスマス物語といっしょになってしまい、今ではクリス・クリンゲルもサンタクロースの別名のひとつになっている。

年に1日以上来ていたのだから。実際、シンタクラース
は今も毎年2、3週間オランダを訪問して、南部だけでな
く国中をまわっている。ほかのヨーロッパの国とちがっ
て、オランダではシンタクラースは今もサンタクロース

とは別だと考えられている。これはとてもおもしろい事実だ。というのも、新世界とよばれたアメリカ大陸に聖ニコラスが初めて行ったとき、聖ニコラスは司教の服装をしたシンタクラースのすがたをしていた。そしてシンタクラースというオランダ語から、聖ニコラスの世界中で知られている今の名前、サンタクロースができたのだから。

第4章
サンタクロース

　1625年、オランダ人移住者たちがマンハッタン島にニューアムステルダムという植民地をつくった。この最初の移住者たちはプロテスタントで、たぶん聖人としてのニコラスを信じてはいなかったが、あとでわかるように、聖ニコラスが新世界アメリカに第一歩をふみ入れる上で大きな役割を果たしたのだった。1666年にはイギリスからの移住者がこの植民地を手に入れ、名前をニューヨークにかえた。その後のことについてはあまり記録が残っていないが、たとえばいくつかのわらべ歌を見ると、その後の100年のあいだに聖ニコラスが何度か新世界にすがたを見せたらしいことがわかる。とは言っ

ても、アメリカ植民地にいるほとんどの人はまだ厳しい
プロテスタントだったから、聖ニコラスのすがたはごく
たまにあらわれるだけだった。

　1783年にアメリカ独立戦争が終わると事情がかわっ
た。新しいアメリカ政府はどんな宗教を信じている人で
も国に受けいれることにしたので、いろいろな人たちが
どっと移住してきたのだ。さらにイギリスを相手に戦っ
た独立戦争のあとしばらくはイギリスの伝統的なものに

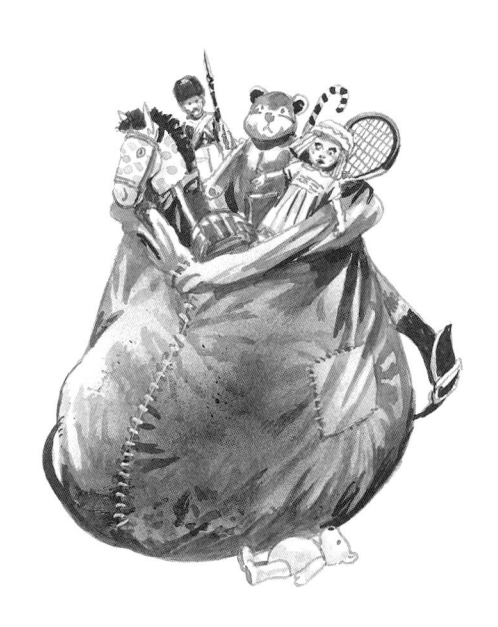

は人気がなく、最初にニューヨークをつくったオランダ人移住者のほうに関心をもつ人も出てきた。そのひとりが、後に『スリーピー・ホローの伝説』や『リップ・ヴァン・ウィンクル』などの物語を書くことになる作家ワシントン・アーヴィングである。

ディートリヒ・ニッカーボッカー

　ワシントン・アーヴィングは1809年、オランダの歴史家ディートリヒ・ニッカーボッカーと名のって『世界の始まりからオランダ王朝の終焉までのニューヨークの歴史（*A History of Newyork from the Beginning of the World to the End of the Dutch Dynasty*）』という本を出版した。その本の中で彼は、最初のオランダ人移住者たちは聖ニコラスを守護聖人とし毎年聖ニコラスの日を祝っていたとか、最初のオランダ人移住者を新世界に運んだ船の正面には聖ニコラスの彫像がかざってあったとか、いいかげんなことをたくさん書いている。

　ワシントン・アーヴィングが聖ニコラスについて書い

たことがほんとうだとは信じられない。しかし、それはどうでもいいことなのだ。この本は大評判になってアメリカ中で読まれた。そしてこの本が出たすぐ次の年には、特にニューヨークで、聖ニコラスについて書いたものがさらにふえた。アメリカという国が生まれたばかりのこのころ、英語はまだ今のようにきちんとした形にはなっていなかったし、さまざまな文化とことばをもつ人々がいっせいにやって来たこともあって、聖ニコラスは奇妙な名前で呼ばれることも多かった。昔オランダで使われていたシンタクラースという名前で呼ぶ人もいた。短くSt.ア・クロースと書くこともあった。1810年、あるニューヨークの新聞は「セントス・クラウス」についての詩をのせた。

このように彼の名前やその書き方については意見がわかれていたが、重要なのは19世紀初めのある期間、聖ニコラスに対する信仰がアメリカにあったということなのだ。昔ミラの司教だった聖ニコラスが、彼が贈り物をくれたり喜びをもたらしたりしてくれることを信じる人

オランダ風の
聖ニコラス

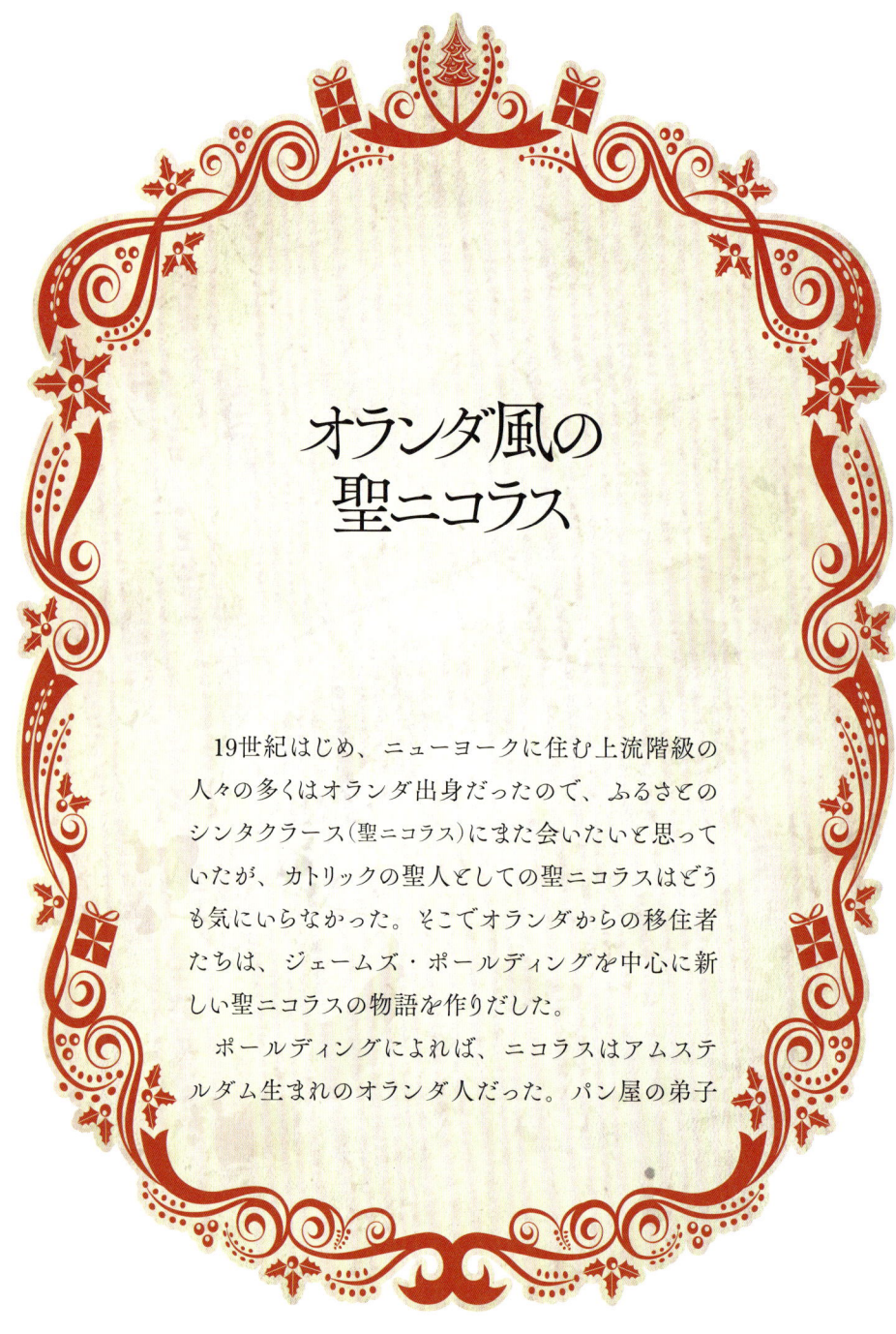

　19世紀はじめ、ニューヨークに住む上流階級の人々の多くはオランダ出身だったので、ふるさとのシンタクラース(聖ニコラス)にまた会いたいと思っていたが、カトリックの聖人としての聖ニコラスはどうも気にいらなかった。そこでオランダからの移住者たちは、ジェームズ・ポールディングを中心に新しい聖ニコラスの物語を作りだした。
　ポールディングによれば、ニコラスはアムステルダム生まれのオランダ人だった。パン屋の弟子

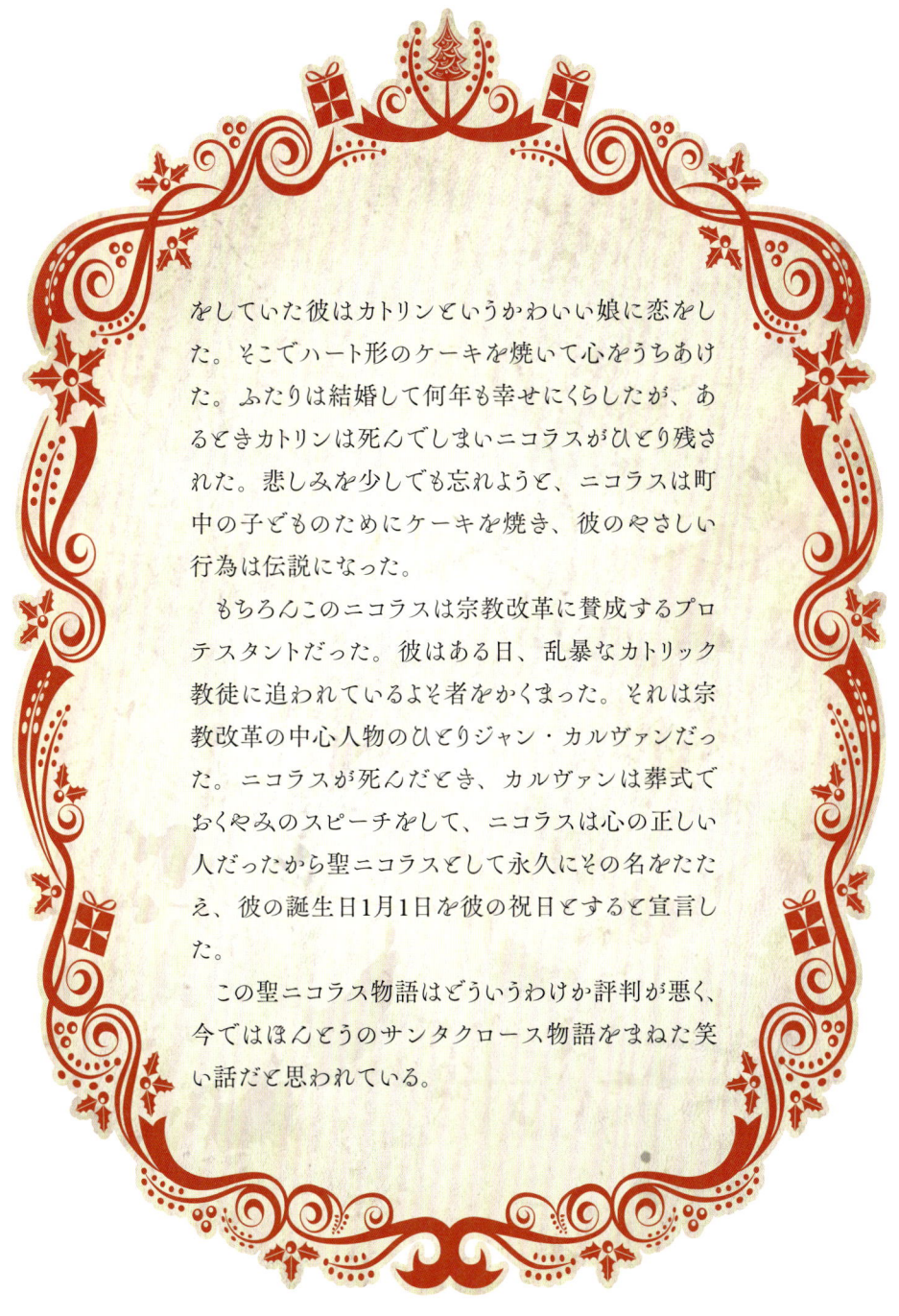

をしていた彼はカトリンというかわいい娘に恋をした。そこでハート形のケーキを焼いて心をうちあけた。ふたりは結婚して何年も幸せにくらしたが、あるときカトリンは死んでしまいニコラスがひとり残された。悲しみを少しでも忘れようと、ニコラスは町中の子どものためにケーキを焼き、彼のやさしい行為は伝説になった。

　もちろんこのニコラスは宗教改革に賛成するプロテスタントだった。彼はある日、乱暴なカトリック教徒に追われているよそ者をかくまった。それは宗教改革の中心人物のひとりジャン・カルヴァンだった。ニコラスが死んだとき、カルヴァンは葬式でおくやみのスピーチをして、ニコラスは心の正しい人だったから聖ニコラスとして永久にその名をたたえ、彼の誕生日1月1日を彼の祝日とすると宣言した。

　この聖ニコラス物語はどういうわけか評判が悪く、今ではほんとうのサンタクロース物語をまねた笑い話だと思われている。

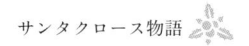

たちのところへ、また来るようになったのだ。

クリスマスの前の夜

　1820年代初めごろにはアメリカ各地から聖ニコラスを見たという報告がとどき、たくさんの体験談が新聞や雑誌にのった。1821年『子どもの友(*The Children's Friend*)』という本が、1とうのトナカイがひくそりに乗って空をとぶ「サンテクロース」を見たという報告を初めてのせた。そりに乗っているサンタクロースの小さな絵までつけてあったが、そのサンタクロースは今みんなが知っているサンタクロースとはあまり似ていなかった。

　ちょうど1年後、ニューヨークに住む大学教授クレメント・クラーク・ムーアがアメリカ史上もっとも有名な聖ニコラスの目撃談を発表した。彼はサンタクロースを見たときのようすを詩の形で書いただけだったが、幸いにもその詩を読んだ友人が書きうつして新聞社に送り、新聞社は『聖ニコラスの訪問(*An Account of a Visit from Saint Nicho-*

サンタクロース

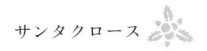

las)』というタイトルで出版したのだ。この詩は最近では『クリスマスのまえのよる』（邦訳：主婦の友社）あるいは『クリスマスのまえのばん』（邦訳：BL出版）というタイトルのほうがよく知られているが、今もアメリカでとても人気

があり、多くの人に読まれている詩のひとつだ。これは聖ニコラスの伝説を信じるアメリカ人のところへ、彼がどうやって来るのか知ることができるとても重要な報告なので、ここに全部紹介しよう。

　クリスマスの前の夜

　　家じゅうがしんとしずまりかえり、
　　ねずみいっぴき動かない
　　暖炉のそばにはくつ下が、きちんとならべて
　　ぶらさげてある
　　だってもうすぐ聖ニコラスが、
　　きっとここへも来るはずだから
　　子どもたちはベッドですやすや
　　キャンディーがおどる夢の中
　　ママは頭をスカーフでつつみ、
　　パパはナイトキャップをかぶって
　　そろそろ長い冬の夜の眠りにつこうとしていたが──

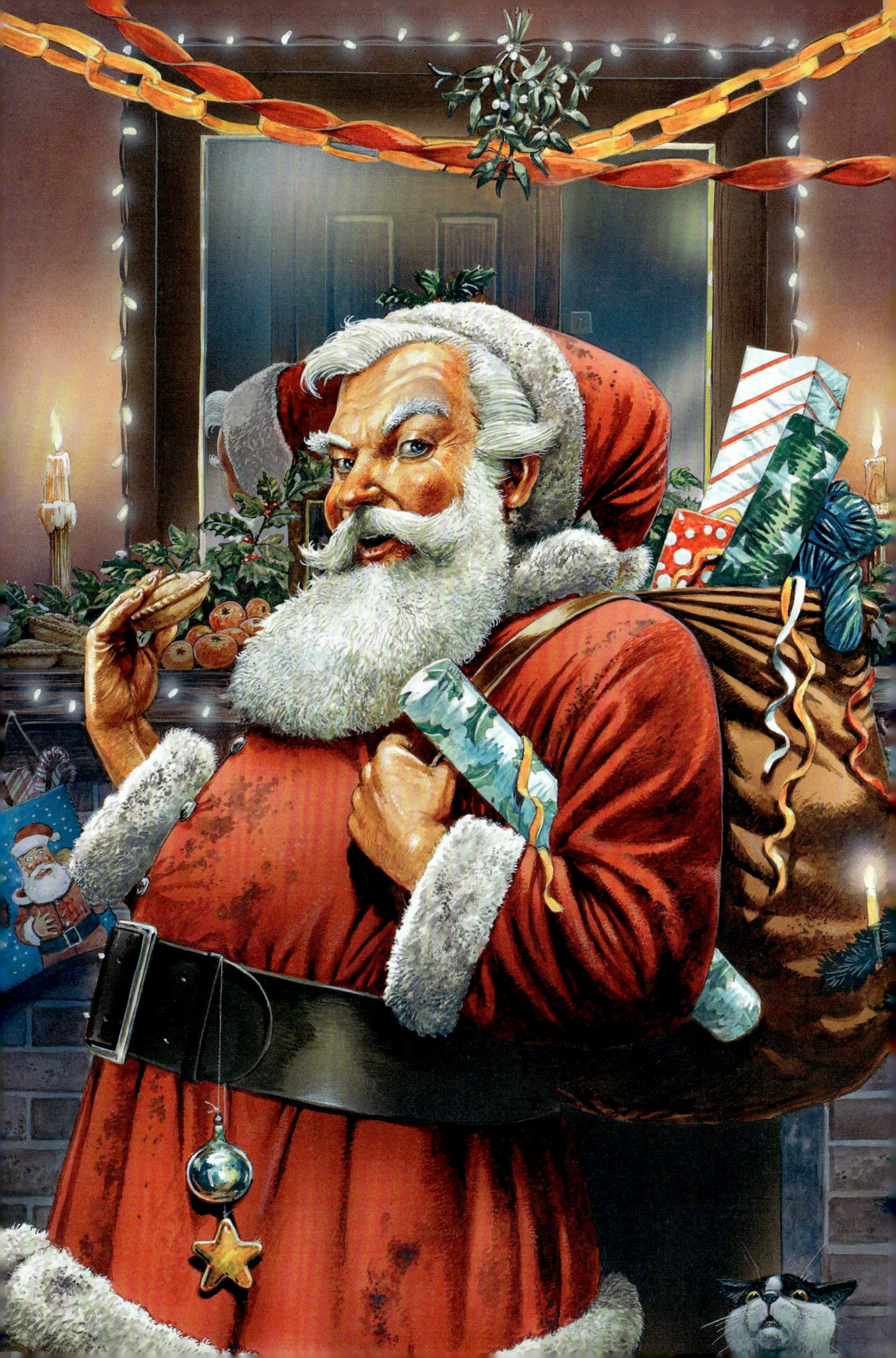

サンタクロース物語

外の原っぱのあたりからなんだかガタゴト音がする
パパはベッドをとびだして、
なにごとだろうと見るために
窓までまっすぐ走っていった
そして大いそぎで窓をおしあげ、よろい戸をあけた
つもったばかりの雪の上
ま昼のように明るい月が、
そこにあるなにかを照らしていた
そのとき、大きくひらいたパパの目に
とびこんできたものは
おもちゃのように小さなそりと、
8とうの小さなトナカイ
乗っていたのは小さくて元気ですばやいおじいさん
パパにはすぐにわかったよ、
ああ、あれは聖ニコラスだ
空をとぶワシよりもっとはやく、
トナカイたちがとんでくる
聖ニコラスは口ぶえをふき、

サンタクロース

大きな声でトナカイに言う
「それ行け、ダッシャー！　行くんだ、ダンサー！
　行け、プランサーとヴィクセンも！
　すすめ、コメット！　すすめ、キューピッド！
　すすめ、ダンダーとブリクセン！
　ポーチの上へ！　かべの上へ！
　走れ！　走れ！　かけあがれ！」
あらしの中で枯れ葉がまいあがるように
じゃまものをひらりととびこえて空へまいあがり
そしてとうとうトナカイたちは屋根の上へ
おもちゃでいっぱいのそりと
──聖ニコラスももちろんいっしょ
とたんに屋根の上から聞こえてきたのは
ちいさなひづめがとびはねる音
窓から頭をひっこめて、へやの中をふりむくと
聖ニコラスがえんとつをとおってどっすんこ、
暖炉から出てきた
頭のてっぺんからつま先まで

サンタクロース物語

ふかふかの毛皮にくるまって
そのからだは灰とすすだらけ
背中におもちゃのはいった袋をかつぎ
まるでこれから店びらきをする、
もの売りのおじさんだ
その目ときたら──なんてキラキラしていること！
そのえくぼの、まあなんて楽しそうなこと！
ほほはまるでバラの花、鼻はまるでサクランボ
おどけた小さな口は、はしっこがあがって弓のよう
あごひげは真っ白で雪のよう
しっかりくわえたパイプから、ふかしたけむりは
頭のまわりで輪になって、
まるでかんむりのようだった
大きな顔に小さくて丸いおなか
わらうときには、おなかがボウルいっぱいのゼリー
　　みたいにプルプルゆれるんだ
ぽっちゃり太ったこの人こそ、
しょうしんしょうめいの陽気な妖精

サンタクロース

おじいさんがかた目をつぶり、
ちょっぴり首をかしげたとき
パパは思わずわらっちゃったよ
こわがることはないんだって、すぐにわかった
それからおじいさんは、
なにもいわずに仕事にかかった
くつ下ぜんぶにおもちゃをいれて、
さっとふりかえると
鼻のよこにちょいと指をあてて
いちどコクンとうなずいてから、えんとつをのぼり
そりにとびのってトナカイたちに合図の口ぶえ
まるでアザミのわたげのように、
ふわりとみんなとんでいった
でもね、夜空にきえるその前に、パパにはたしかに
　　聞こえたんだ──
みなさん、ぐっすりおやすみなさい
すてきなクリスマスになりますように

あとになって、クレメント・クラーク・ムーアは最後の2とうのトナカイの名前を聞きまちがえていたことがわかる。ほんとうは「ドナー」と「ブリクソン」だったのだ。あとから出版されたものはこのまちがいが直してあるが、それ以外の点では、ムーアは現代のアメリカでサンタクロースになった聖ニコラスのすがたを初めてはっきり描いたのだった。もっとも詩の中でサンタクロースという名前は使っていなかったけれど。

北極

聖ニコラスは死んだあと最初の1000年かそれ以上のあいだは天国にいて、ときどき彼に助けをもとめる声を聞いてはそこから出てきていた。でかけるのは危険な目にあっている子どもや船乗りを助けるときがほとんどだったときは、それでもよかった。しかし聖ニコラスの日にしてもクリスマス・イブにしても、とにかくひと晩にたくさんの人のところへ贈り物やご馳走をとどけに行くようになると、仕事場が必要になってきた。天国では

サンタクロース

キャンディーやプレゼントは必要ではないので、そういう物は地上で作る必要があるのだ。

　聖ニコラスが最初に作った仕事場はスペインのどこか

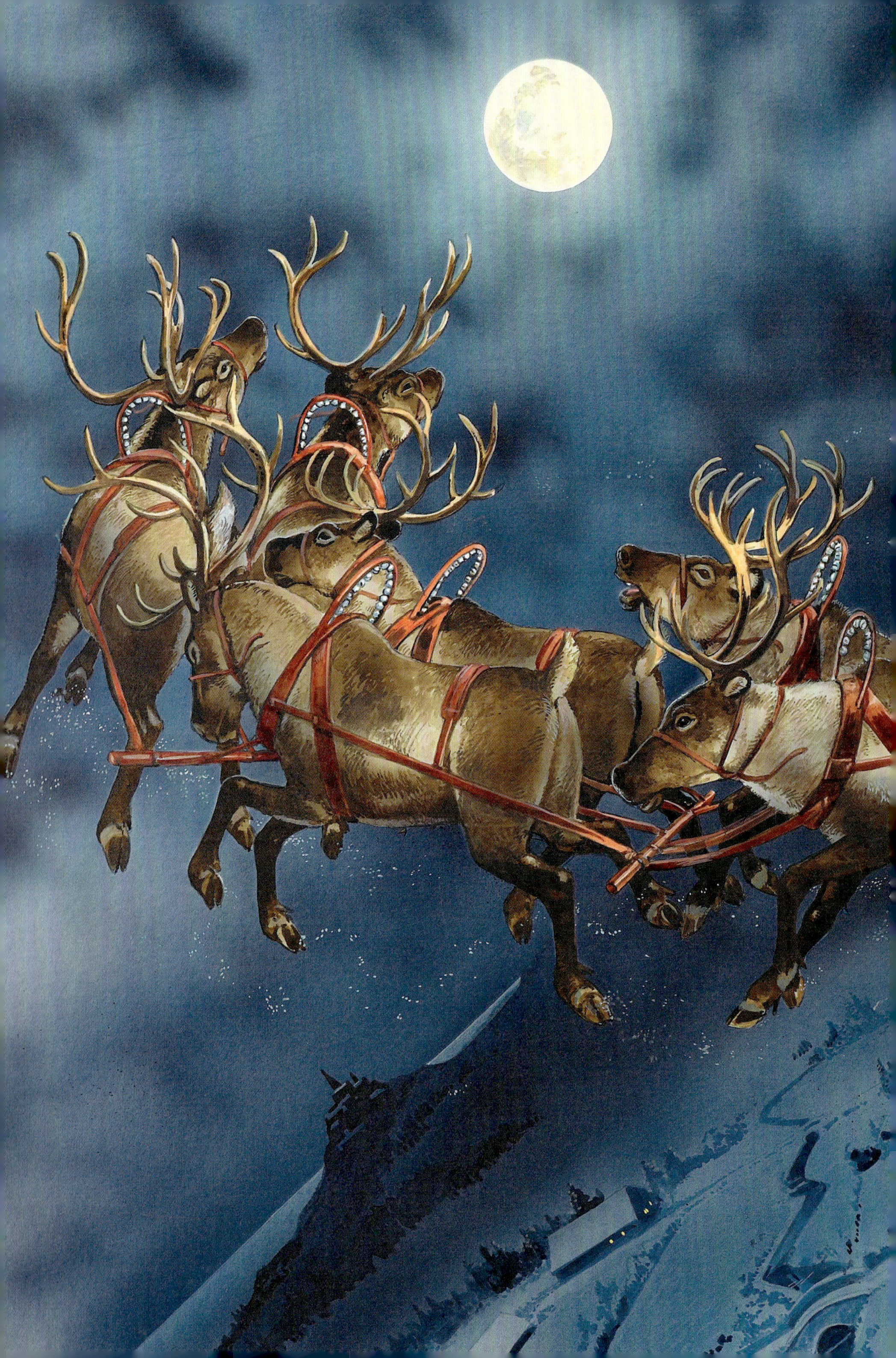

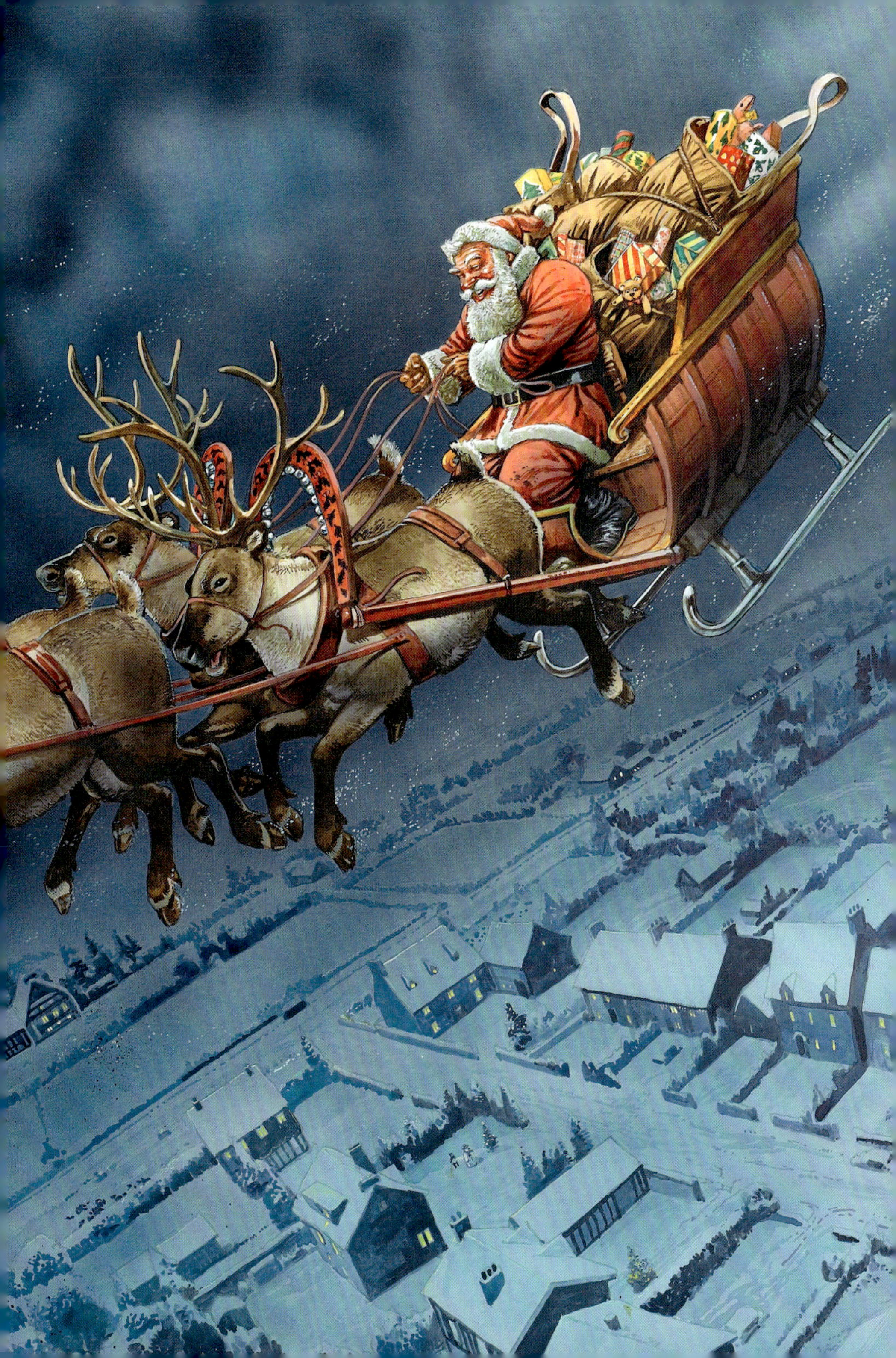

にあったらしい。そこから船にのってオランダへ行き、シンタクラースになって空とぶ馬にのり、ヨーロッパのほかの場所へ行くことができた。スペインの仕事場は多分まちがいなく今もそこにあって、オランダにむかうための基地として使われている。ただ今はもう、そこは本部としては使われていない。

　しばらくして聖ニコラスはアイスランドに新しい仕事場を作ったが、その後フィンランドの北にあるラップランドにひっこした。どうしてラップランドをえらんだのか聖ニコラス本人は何も言っていないが、どうやら魔法のそりとトナカイを手に入れるためだったらしい。仕事場で働く妖精たちを最初にスカウトしたのもたぶんそこだ。妖精は何千年も前から北ヨーロッパのいろいろなところに住んでいることが知られていて、たくさんの昔話に登場してきた。しかし今では数も減ってしまったし、もともと人前に出ることは好きではなかったから、あまり見かけることはない。聖ニコラスはおもちゃや飾り物をつくる彼らの不思議な才能にほれこんで、仕事の手伝

いをたのんだのだろう。

　ラップランドの仕事場ができたことで、聖ニコラスは活動の場を大きく広げることができ、ひと晩のうちに前よりたくさんの人のところへ行けるようになった。これはとても重要なことだ。そのころはもう聖ニコラスの日に彼の訪問を待つ人は減ってきて、クリスマス・イブにおおぜいの人が彼を待つようになっていたし、その上ひと晩でヨーロッパだけでなくアメリカへも行かなければならなくなっていたのだから。

　19世紀中ごろには、このラップランド本部でさえ広さが足りなくなっていた。クレメント・クラーク・ムーアの詩やチャールズ・ディケンズの『クリスマス・キャロル』などいろいろなところで書かれたおかげで、聖ニコラスとクリスマスのお祝いはすっかり有名になり、仕事場の広さも妖精たちの仕事ももう限界にきていたのだ。もっと大きな本部を作れる場所、その本部を将来もっと広げることができる場所が必要だった。それも、聖ニコラスと恥ずかしがり屋の妖精たちがだれにもじゃまされ

ずに仕事に集中できるような、静かで人の住む場所からはなれたところがいい。というわけで19世紀後半のあるとき、サンタクロースは北極に新しい仕事場を作ったのだ。

トマス・ナスト

　トマス・ナストはドイツ生まれのアメリカ人で、新聞に政治マンガを書く仕事をしていた。だがこの人は、初めて北極のサンタクロースを訪問した人としても知られている。トマス・ナストがいつ、どのようにその旅をしたのかはわからないが、彼は1865年に『サンタクロースとその仕事(Santa Claus and His Works)』という画集を発表しているのだ。画集の中でサンタクロースは仕事場で何かしていたり、そりに乗ってとんでいたり、仕事場でおもちゃを作っていたり、子どもたちの名前が書いてあるものすごく大きな名簿を開いて、どの子が悪いことをしたか、どの子がいい子だったかを調べていたりと、いろいろなことをしている。

サンタクロース

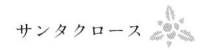

　その後も20年以上のあいだ、トマス・ナストはサンタクロースや北極で見た物の絵をたくさん描いた。妖精の絵はなかったが、それはたぶん彼が北極にいたときには、恥ずかしがり屋の妖精たちは出てこなかったからだろう。でもクリスマス・イブに赤い毛皮の上着に黒いベルトをしめたサンタクロースがあちこち旅をしているすてきな絵はたくさん描いた。机の前にすわって、子ども

たちから来たたくさんの手紙を1通1通しっかり読んでいるところも描いた。トマス・ナストはいつかのクリスマス・イブに、サンタクロースといっしょにそりに乗ってひと晩すごしたにちがいないと思っている人もいる。というのもサンタクロースが暖炉のえんとつを下りていくところや、くつ下に贈り物を入れているところや、寝る時間をすぎても起きている小さな子ども（そういう子がたまにいる）と顔をあわせたときの絵もたくさん描いているからだ。

　トマス・ナストはサンタクロースと旅をしたとは一度も言ってないが、彼が書いたたくさんのサンタクロースの絵は1889年に『トマス・ナストのクリスマス画集（*Thomas Nast's Christmas Drawings for the Human Race*）』というタイトルで一冊にまとめられた。これはサンタクロースについての本の中でとても重要なものだ。なにしろ、そのころのサンタクロースが実際にどんなすがたをしていたか、たくさんのアメリカ人がこの本で初めて知ったのだから。

ミセス・クロース

　サンタクロースについての大きななぞのひとつは、ふつうミセス・クロースとよばれる彼の奥さんのことだ。ミセス・クロースが初めて雑誌や新聞の記事に登場したのは19世紀の中ごろである。しかしトマス・ナストの絵には一度も出てこない。そのことから、ナストが北極を訪問したのは1850年代で、サンタクロースはそのすぐあとに結婚したのだろうと考えられている。

　ミセス・クロースについてはほとんど何もわかっていない。ローマ時代の話にも中世になってからの伝説にも聖ニコラスの奥さんはまったく登場しないばかりか、そんな人がいる気配もない。だがそれにはちゃんと理由がある。この地上にずっと住みつづけることのできる場所を確保するまで、聖ニコラスは結婚について考えたことなんかなかったのだ。つまり北極にひっこして初めて結婚しようと思ったわけである。

　ミセス・クロースについては、丸顔でほほはバラ色、髪は灰色のやさしそうな女の人という以外はほとんどわ

コカ・コーラと
サンタクロース

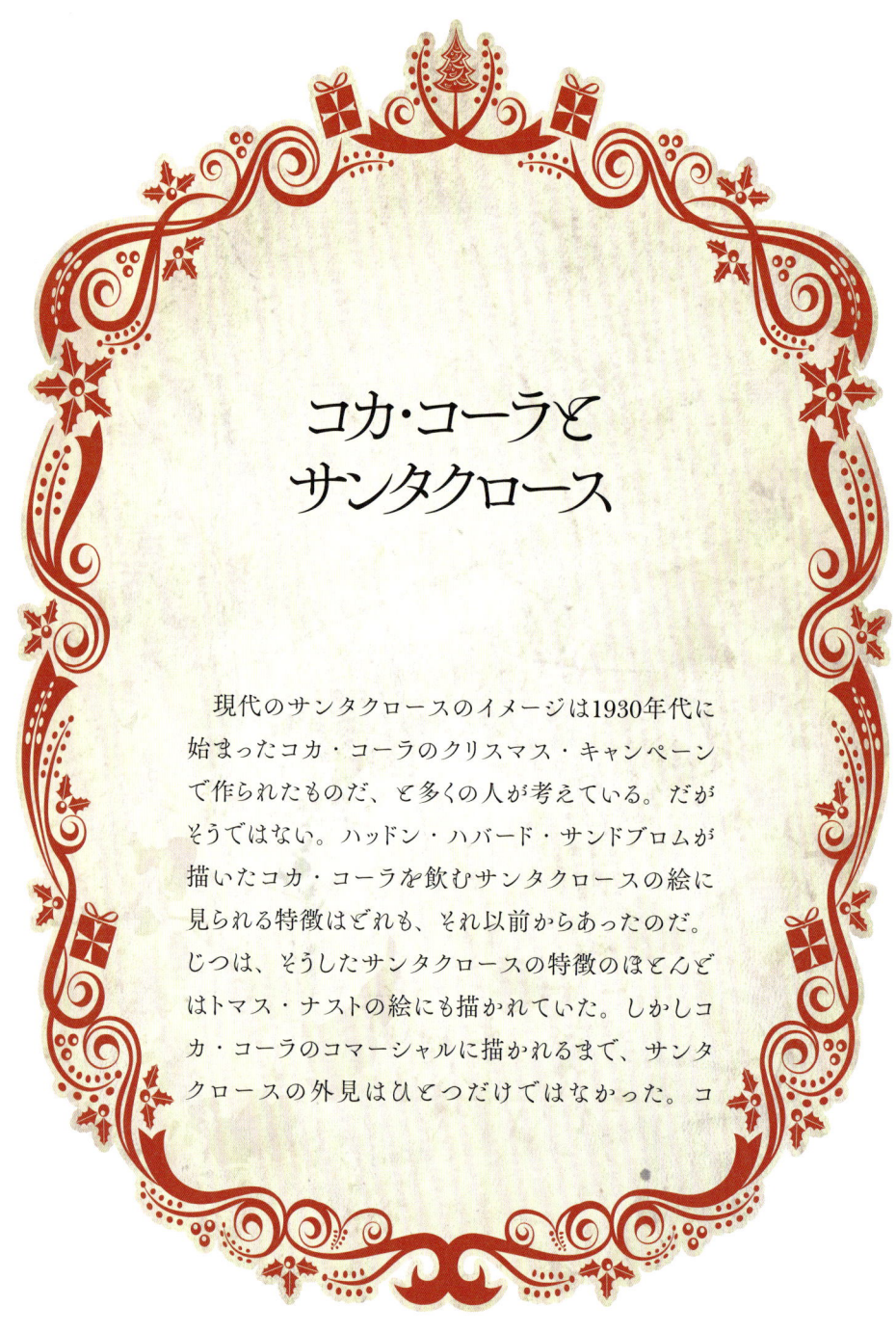

　現代のサンタクロースのイメージは1930年代に始まったコカ・コーラのクリスマス・キャンペーンで作られたものだ、と多くの人が考えている。だがそうではない。ハッドン・ハバード・サンドブロムが描いたコカ・コーラを飲むサンタクロースの絵に見られる特徴はどれも、それ以前からあったのだ。じつは、そうしたサンタクロースの特徴のほとんどはトマス・ナストの絵にも描かれていた。しかしコカ・コーラのコマーシャルに描かれるまで、サンタクロースの外見はひとつだけではなかった。コ

カ・コーラのコマーシャルがあまりにも有名になり、事実上すべてのアメリカ人が1930年代、40年代、50年代、60年代のどこかでそのコマーシャルを見ているために、サンドブロムが選んだものがサンタクロースの外見の決定版になった。その結果として、それ以外の聖ニコラスのすがたはしだいに消えていったのである。

かっていない。名前でさえ確かではないのだ。場所によってマーサとかメアリーとかルイーズとかレイラとか、そのほかにもいろいろかわった名前で呼ばれてきたが、たいていの人はあてずっぽうを言っているだけのようである。

　もっとも、少しあとに北極へ行ってきたと言う画家たちが描いた絵を見れば、少しは自信をもって言えることがある。そうした絵の中のミセス・クロースは、クッキーなどのクリスマスのお菓子を焼いている。それはクリスマス・イブに子どもたちにあげたり、仕事中のサンタクロースや妖精たちにあげたりするらしい。また家の中をきちんとしておくのもミセス・クロースの仕事のようで、汚れたものや部屋をきれいにしたり、サンタクロースの道具やなにかが必要なところに全部きちんとおさまっているように気をつけたりしている。それにサンタはこのごろちょっとうっかりすることが多くなったようなので、クリスマスの日にプレゼントをもらえない子がいないように、ミセス・クロースがいつもサンタのう

しろで目をひからせている。

　サンタクロースがたばこをやめたのも、ミセス・クロースのおかげだとみんなが思っている。サンタはアメリカの国ができてすぐのころにパイプをふかすようになり、そのあと紙巻きたばこを吸うすがたも見られるようになった。でも子どもがたばこに興味をもってはいけないから、最近になってサンタもきっぱり禁煙したのだ。

赤鼻のトナカイ、ルドルフ

　サンタクロースが北極に住みついてからというもの、世界中でますますたくさんの人が年よりのセント・ニック（聖ニコラスのあだ名）を信じ、クリスマスに来てほしいと願うようになったので、サンタクロースとミセス・クロースと妖精たちは少しずつ活動の規模を広げてきた。しかしほとんどの人はそのことに気づいていない。ニュースはた

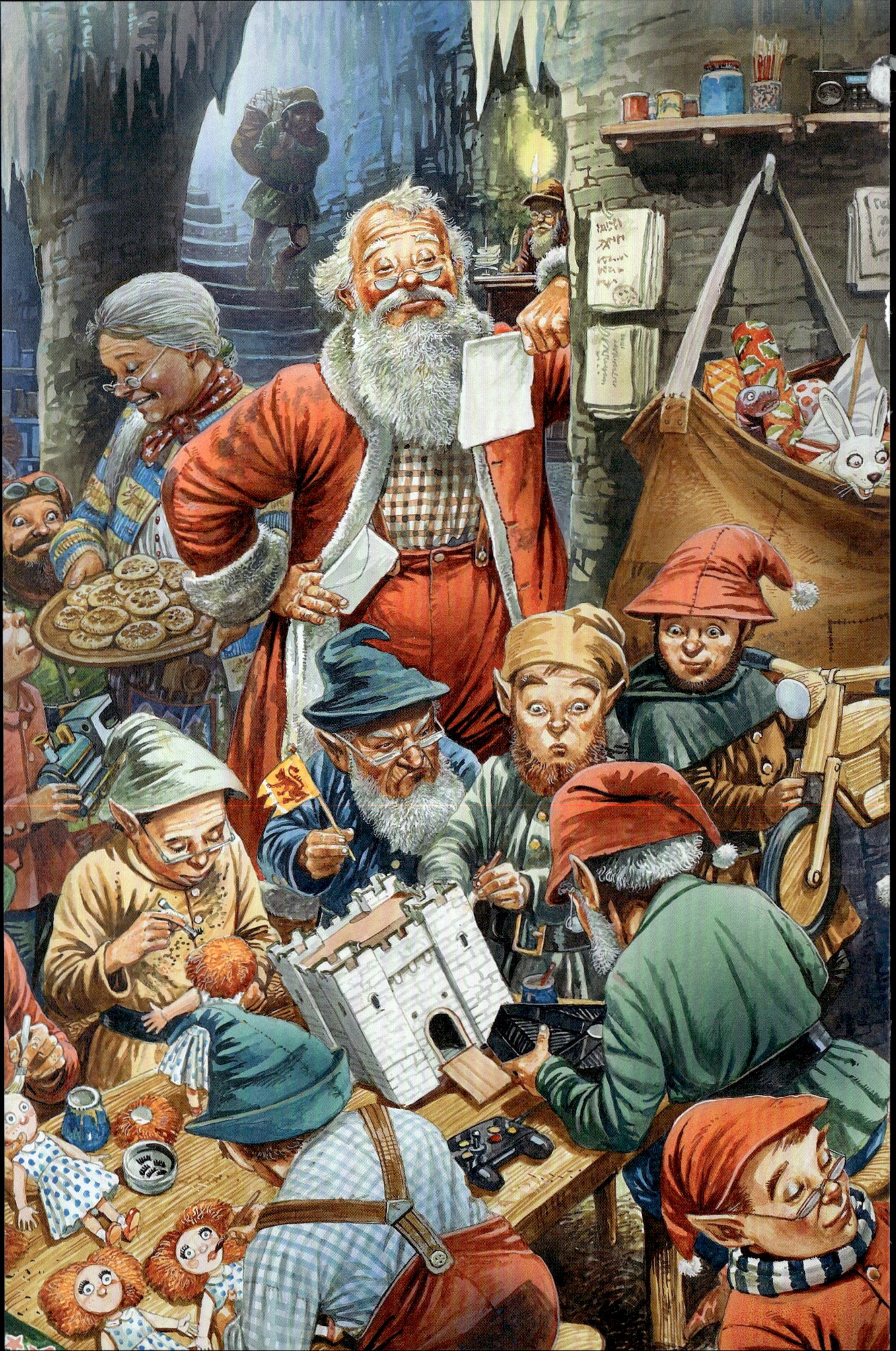

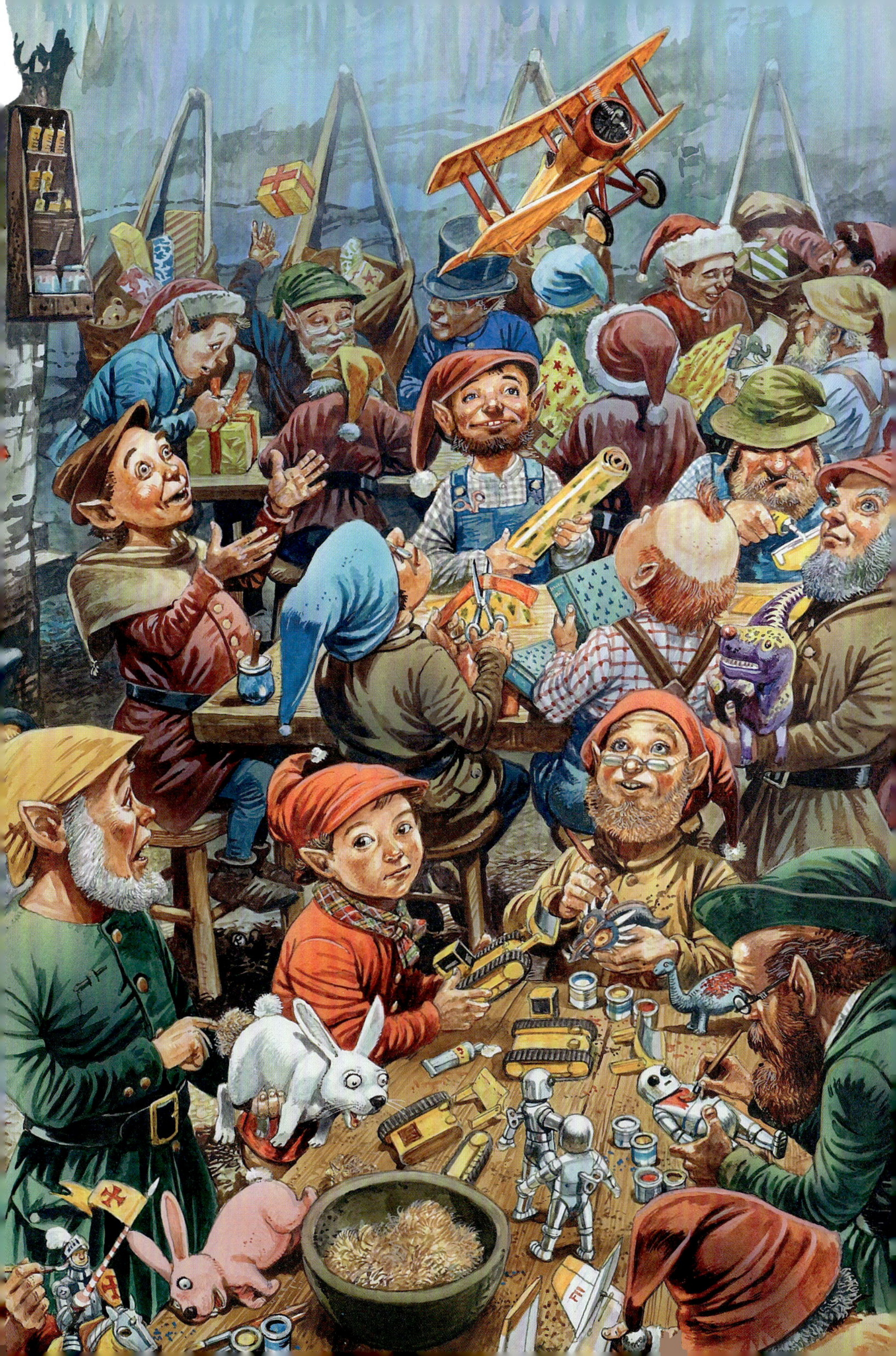

いていクリスマスが近づいたころのサンタクロースの活動しか報告しないし、そのころになってもよほど大きな変化がなければとりあげないのがふつうだからだ。そんな大きな変化がいちばん最近あったのは1939年のことである。その年、有名な赤鼻のトナカイ、ルドルフがチームに加わったのだ。

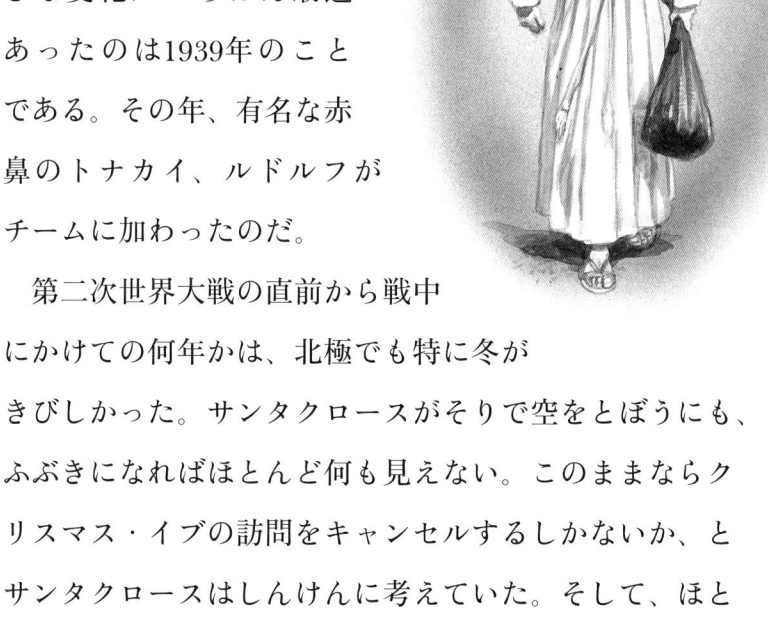

　第二次世界大戦の直前から戦中にかけての何年かは、北極でも特に冬がきびしかった。サンタクロースがそりで空をとぼうにも、ふぶきになればほとんど何も見えない。このままならクリスマス・イブの訪問をキャンセルするしかないか、とサンタクロースはしんけんに考えていた。そして、ほとんどあきらめかけたとき、ルドルフを見つけたのだ。こ

サンタクロース

　の若いトナカイはピカピカ光る赤い鼻のせいでいつもいじめられていた。でもサンタは、ルドルフのこの鼻は神様からの贈り物だと思った。そりを引っぱるトナカイのチームに入っておくれ、とサンタはルドルフにたのんだ。そうすればその赤い鼻がふぶきの中をすすむ目じるしになるから、と。

　ルドルフが初めて登場したのはロバート・ルイス・メイという人の書いた詩で、モンゴメリー・ウォードというデパートがくばったチラシに印刷されていたものだった。しかしほとんどの人は、その詩をもとにつくられ、「歌うカウボーイ」として有名だったジーン・オートリーが歌って大ヒットした歌のおかげでルドルフを知った。

　ルドルフは第二次世界大戦中と少なくともそのあとの10年間、サンタのトナカイチームの先頭にいた。そのおかげで、チームの中でもいちばん有名なトナカイになった。1970年代か80年代になってチームを引退したようだが、今でもたまにはチームといっしょに旅をするということだ。

そうだよ、バージニア、サンタクロースはいる

　サンタクロースというのは1700年以上前にミラの町の教会にいた心やさしい司教、聖ニコラスの現代風の名前なのだが、今ではキリスト教世界だけの人ではなくなっている。今やサンタクロースはクリスマス・シーズンの主役、喜びと元気をとどける人、宗教や文化に関係なくだれからも愛され、たよりにされる人なのだ。

　ここ100年ほど、たくさんの人がサンタクロースを見た、インタビューした、北極まで会いに行ったと言い、映画やテレビに出るよう説得したと言う人もいた。そのうちのだれがほんとうのことを言い、だれが注目を集めるためだけにそう言っているのか見わけるのはとてもむずかしい。残念なことだが、こうしたつじつまの合わない話からうまれた混乱のせいで、ほんとうはサンタクロースはいない、サンタクロースは子どもを喜ばせるためにおとながでっちあげ作り話だ、と信じる人たちが出てきた。

　そういう意見に対するいちばんいい答は、100年以上

サンタクロース

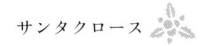

前にニューヨークの新聞「サン」にのったものだろう。1897年のこと、8歳の少女バージニア・オハンロンが「サン」にこんな手紙を出した。

　新聞社の人へ

　　わたしは8歳です。わたしの友だちの中に、サンタクロースはいないという子たちがいます。パパは「『サン』に書いてあれば、その通りなんだよ」と言います。ほんとうのことを教えてください。サンタクロースはいるんですか。

この手紙に「サン」の社説の中でフランシス・ファーセラス・チャーチが返事を書いた。それを読んだ多くの人は、これこそ正しい答だと思った。

　　バージニア、きみの友だちはまちがっている。その子たちは、このごろふえてきた疑いぶかい人たち

のせいで、そんなことを言うんだ。疑いぶかい人というのは自分が見たもの以外は何も信じない。自分の小さな頭で理解できないことは、この世にはないものだと考える。いいかいバージニア、おとなの頭も子どもの頭も、人間の頭なんてちっぽけなものだ。この広い宇宙の中では、人間なんてちっぽけなアリのようなものなんだ。わたしたちのまわりの果てしない世界について、人間に理解できるのはほんの少しだけだ。わたしたちの知恵は、ほんとうのことをひとつ残らず知るには全然たりないんだよ。

　きみの質問への答はこうだ。そうだよ、バージニア、サンタクロースはいる。愛や思いやりやまごころがたしかにあるのと同じように、サンタクロースはいる。きみの人生の中には愛や思いやりやまごころがあふれるほどあって、そういうものが人生に最高の美しさと喜びをあたえてくれていることを、きみは知っているよね。もしサンタクロースがいなかったら、この世界はどんなに暗くてさびしいこと

サンタクロース

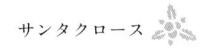

だろう。バージニアみたいな子がひとりもいない世界と同じくらいさびしい世界だろうね。そんな世界には、人生の苦しみをやわらげてくれる無条件の信頼も、詩も、ロマンスもないだろう。目に見えるもの、さわることができるものしか楽しむことができないだろう。子ども時代に世界中をかがやかせることのできる永遠の光も消えてしまうことだろう。

　サンタクロースがいないって！　それじゃ妖精もいないと言うのかな？　パパにたのんでクリスマス・イブにだれかをやとってもらい、サンタクロースが来るかどうかニューヨーク中のえんとつを見はってもらってもいい。でも、たとえサンタクロースがどのえんとつからも出てこなかったとしても、それがなんの証拠になる？　サンタクロースを見た人がいなくても、サンタクロースがいないという証明にはならない。この世で何よりたしかなことは、おとなの目にも子どもの目にも見えないものなんだ。芝生の上で妖精がおどっているのを、きみは見たこ

とがあるかい？　もちろん、ないよね。でもそれは、そこに妖精がいないという証明にはならない。この世にある目に見えないもの、見ることのできない不思議なもののすべてが、人間が頭の中だけで作りだしたり想像したりしたものだなんて、そんなはずはない。

　赤ちゃんのガラガラを分解して音が出るしくみをしらべることはできる。でも目に見えない世界をかくしているカーテンは、世界一の力もちでも、いいや世界中の力もちが全部あつまっても、ひきさくことはできない。信頼と想像力と詩と愛とロマンスだけがそのカーテンを少しあけて、むこうがわにあるもの、人間の力ではつくることのできない美しさと輝きとを見せてくれるんだ。そこにあるのは全部たしかにあるものかって？　もちろんだよ、バージニア、この世界でそれほどたしかでいつまでもかわらないものは、ほかにないんだよ。

　サンタクロースはいない？　なんてことを言うん

サンタクロース

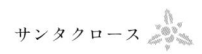

だ！　サンタクロースはいる。いつまでもいる。今から1000年たっても、いやバージニア、たとえ10万年あとでも、サンタクロースは少しもかわらずに子どもたちの心を喜ばせてくれるだろう。

参考資料

　歴史的に見れば、ミラの司教聖ニコラスについてはまだわからないことがたくさんある。彼自身は何も書き残しておらず、彼の名前が書かれたその時代の書類もない。生まれた日や死んだ日の日づけにしても、はっきりした証拠があるわけではない。
　しかしその一方で、聖ニコラスが生きたとされる時代のすぐあとに聖ニコラスにささげる教会がたくさん作られている。また彼がくらしたとされる地域ではそれまで「ニコラス」という名前がほとんどなかったのに、彼がいたとされる時代以降はよく見られるようになっている。

　現在も残る聖ニコラスの伝記のいちばん古いものは西

暦700年ごろに修道院長ミカエルが書いた『聖ニコラスの生涯(Life of St.Nicholas)』である。この著作全体を英訳したものは出版されていないが、この本を書くにあたりわたしの義理の兄弟イアン・ゴードンが必要な箇所を翻訳してくれた。ミカエルの著作は聖書の引用やこまごまとした神学上のむずかしい話がぎっしり書かれた大作で、これよりあとに書かれた聖ニコラス物語の多くが参考文献としてあげる中ではいちばん古い時代に書かれたものだ。

多くの人が聖ニコラスの物語について読んだ最初の著作は、13世紀にジェノヴァ大司教ヤコブス・デ・ウォラギネが多くの聖人についての物語をまとめた『黄金伝説』(邦訳：人文書院／平凡社ライブラリー)だった。西ヨーロッパやアメリカでよく知られているのはここに書かれた物語である。

聖ニコラスについての歴史的事実や学問的な議論についてくわしく知りたい人には『サンタクロースになった聖人——ミラの聖ニコラスの生涯と試練(The Saint who would be Santa Claus：The True Life and Trials of Nicholas of Myra)』(Adam C.

English)を読むことをお勧めする。

　現代のサンタクロースとアメリカ社会におけるサンタクロースの位置づけなどについてくわしく知りたい人には『サンタクロースの伝記(Santa Claus：A Biography)』(Gerry Bowler)をお勧めする。

　最後に、サンタクロースがいることを最初にわたしに教え、子どものころサンタクロースに手紙を書くのを手伝ってくれ、クリスマスには不思議ですてきなことが起こるとわたしに確信させてくれた両親に感謝したいと思う。

THE STORY OF SANTA CLAUS BY JOSEPH A. McCULLOUGH
© 2014 JOSEPH A. McCULLOUGH
FIRST PUBLISHED IN GREAT BRITAIN IN 2014 BY OSPREY PUBLISHING.
THIS TRANSLATION OF THE STROY OF SANTA CLAUS IS
PUBLISHED BY HARA SHOBO PUBLISHING CO., LTD.
BY ARRANGEMENT WITH OSPREY PUBLISHING, PART OF BLOOMSBURY PUBLISHING PLC.
THROUGH JAPAN UNI AGENCY, INC.TOKYO

ジョゼフ・A・マカラー［著］
JOSEPH A. McCULLOUGH

子どものころからずっとサンタクロースのファンで、8歳のとき
クリスマス・イブにプレゼントを持ってきたすがたをちらっと目撃している。
『アイルランド小史』、『竜を退治した勇者たち
──ベオウルフから聖ゲオルグまで』をはじめ多くの著書がある。
また『ブラックゲイト』、『ローズ・オブ・ソーズ』、
『アドベンチャー・ミステリー・テイルズ』などの
本や雑誌に短編ファンタジーを執筆している。

伊藤はるみ［訳］
HARUMI ITO

1953年、名古屋市生まれ。愛知県立大学外国語学部フランス学科卒業。
主な訳書に、A・コリンズ他『ツタンカーメンと出エジプトの謎』、
N・ベロフスキー『最悪の医療の歴史』（以上、原書房）、
H・ブローディ『プラシーボの治癒力』、G・マテ『身体が「ノー」と言うとき』
（以上、日本教文社）がある。

サンタクロース物語
歴史と伝説

2015年10月30日　初版第1刷発行

著者
ジョゼフ・A・マカラー

訳者
伊藤はるみ

発行者
成瀬雅人

発行所
株式会社原書房
〒160-0022 東京都新宿区新宿1-25-13
電話・代表 03(3354)0685
http://www.harashobo.co.jp
振替・00150-6-151594

ブックデザイン
小沼宏之

印刷
新灯印刷株式会社

製本
東京美術紙工協業組合

©Office Suzuki, 2015
ISBN978-4-562-05254-7
Printed in Japan